Redes Informáticas

Una Guía Compacta para el principiante que Desea Entender los Sistemas de Comunicaciones, la Seguridad de las Redes, Conexiones de Internet, Ciberseguridad y Piratería

© Copyright 2021

Todos los derechos reservados. Ninguna parte de este libro puede ser reproducida de ninguna forma sin el permiso escrito del autor. Los revisores pueden citar breves pasajes en las reseñas.

Descargo de responsabilidad: Ninguna parte de esta publicación puede ser reproducida o transmitida de ninguna forma o por ningún medio, mecánico o electrónico, incluyendo fotocopias o grabaciones, o por ningún sistema de almacenamiento y recuperación de información, o transmitida por correo electrónico sin permiso escrito del editor.

Si bien se ha hecho todo lo posible por verificar la información proporcionada en esta publicación, ni el autor ni el editor asumen responsabilidad alguna por los errores, omisiones o interpretaciones contrarias al tema aquí tratado.

Este libro es solo para fines de entretenimiento. Las opiniones expresadas son únicamente las del autor y no deben tomarse como instrucciones u órdenes de expertos. El lector es responsable de sus propias acciones.

La adhesión a todas las leyes y regulaciones aplicables, incluyendo las leyes internacionales, federales, estatales y locales que rigen la concesión de licencias profesionales, las prácticas comerciales, la publicidad y todos los demás aspectos de la realización de negocios en los EE. UU., Canadá, Reino Unido o cualquier otra jurisdicción es responsabilidad exclusiva del comprador o del lector.

Ni el autor ni el editor asumen responsabilidad alguna en nombre del comprador o lector de estos materiales. Cualquier desaire percibido de cualquier individuo u organización es puramente involuntario.

Contents

INTRODUCCIÓN 1
CAPÍTULO 1: FUNDAMENTOS BÁSICOS DE LAS REDES
INFORMÁTICAS 2
  ¿QUÉ SON LAS REDES INFORMÁTICAS EN LA ACTUALIDAD? 3
CAPÍTULO 2: LOS SERVICIOS DE REDES INFORMÁTICAS
EXPLICADOS 6
  SISTEMA DE NOMBRE DE DOMINIO (DNS) 9
  PROTOCOLO DE CONFIGURACIÓN DE HUÉSPED DINÁMICO (DHCP) 10
  PROTOCOLO DE TRANSFERENCIA DE HIPERTEXTO (HTTP) 11
  PROTOCOLO DE TRANSFERENCIA DE ARCHIVOS (FTP) 11
  PROTOCOLO DE TRANSFERENCIA DE NOTICIAS EN RED (NNTP) 12
  PROTOCOLO SIMPLE DE TRANSFERENCIA DE CORREO (SMTP) 13
  SEGURIDAD EN LA RED CON USO DE FIREWALLS (CORTAFUEGOS) 14
CAPÍTULO 3: INTRODUCCIÓN A LOS FUNDAMENTOS DEL
HARDWARE DE REDES DE LAS RELACIONES INFORMÁTICAS 16
  HARDWARE BÁSICO DE UNA RED 17
  SERVIDORES 18
  CONCENTRADORES (HUBS), CONMUTADORES (SWITCHES), Y ENRUTADORES
  (ROUTERS) 21
  CABLES Y CABLEADO ESTRUCTURADO 24

Hardware de la Estación de Trabajo 26
Utilizar el tráfico de red y conocer el hardware de red 27
Repeaters (Repetidores) 28
Hubs (Concentradores) 30
Switches (Conmutadores) 34
Bridges (Puentes) 36
Routers (Enrutadores) 37
Gateways (Puertas de Enlace) 40
Fundamentos básicos de las tipologías de Cables 41
Topología en Estrella 45
Topología en anillo 49

CAPÍTULO 4: SISTEMAS DE COMUNICACIÓN INALÁMBRICA Y CONEXIÓN A INTERNET 51
Conexión a Internet 51
Redes de Área Amplia 51
Internet e Intranet 53
Comprender las Características de las Redes 56
Compartir Archivos 56
Servicios de Aplicaciones 58
E-mail 59
Acceso Remoto 61

CAPÍTULO 5: PUERTOS Y PROTOCOLOS DE RED COMUNES.............63
TCP/IP y UDP 64

CAPÍTULO 6: EL MODELO DE REDES OSI 66
Capa 1: La Capa Física 69
Capa 2: Capa de Vínculo de Datos 70
Capa 3: Capa de Red 72
Capa 4: Capa de Transporte 74
Capa 5: Capa de Sesión 75
Capa 6: Capa de Presentación 75
Capa 7: Capa de Aplicación 76

CAPÍTULO 7: SEGURIDAD DE RED, CIBERSEGURIDAD Y MÉTODOS DE PIRATERÍA 78

SEGURIDAD DE LA CUENTA 79

SEGURIDAD DE LA CONTRASEÑA 80

PERMISOS DE ARCHIVOS Y DIRECTORIOS 82

PRÁCTICAS Y EDUCACIÓN DEL USUARIO 84

CONOCER LAS AMENAZAS EXTERNAS 85

AMENAZAS DE PUERTA PRINCIPAL 87

AMENAZAS DE PUERTA TRASERA 89

AMENAZAS DDOS 90

AMENAZAS Y ATAQUES POTENCIALES 91

CONCEPTOS BÁSICOS DE PIRATERÍA Y DISEÑO DE REDES 93

EL PROCESO DE DISEÑO DE REDES 94

EVALUACIÓN DE LAS NECESIDADES DE LA RED 94

APLICACIONES 95

USUARIOS 97

SERVICIOS DE RED 98

SATISFACER LAS NECESIDADES DE LA RED 99

LOS FUNDAMENTOS DE LA PIRATERÍA: EL PROCESO DE LA CADENA DE EXTERMINIO (*KILL CHAIN*) 100

Fase 1: Reconocimiento 101

Fase 2: Intrusión 102

Fase 3: Explotación 102

Fase 4: Escalada de privilegios 103

Fase 5: Movimiento lateral 104

Fase 6: Ofuscación 104

Fase 7: Denegación de servicio 104

Fase 8: Exfiltración 104

CAPÍTULO 8: CONSEJOS ÚTILES DE CIBERSEGURIDAD PARA 2020 105

UN PLAN DE RECUPERACIÓN ANTE DESASTRES ES VITAL 105

EVALUACIÓN DE LAS NECESIDADES DE RECUPERACIÓN ANTE DESASTRES 106
CONSIDERACIÓN DE ESCENARIOS DE DESASTRE 107
EVALUACIÓN DE LAS NECESIDADES DE RESPALDO.. 113
ADQUIRIR MEDIOS Y TECNOLOGÍAS DE RESPALDO 115
ELECCIÓN DE ESTRATEGIAS DE RESPALDO 116
CONCLUSIÓN...121
VEA MÁS LIBROS ESCRITOS POR QUINN KISER 122

Introducción

Este libro es una mezcla de varios temas informáticos que son relevantes y muy populares en la actualidad. A lo largo de su lectura, usted podrá explorar cada sección con terminologías y analogías fáciles de entender. La guía comienza con una visión descriptiva y completa de las redes informáticas y, luego, se ramifica para cubrir otros temas, como la seguridad de la red, el diseño de la red y la piratería. El desarrollo de su contenido está diseñado específicamente para:

- Adecuarse a las necesidades de entretenimiento del lector.

- Ofrecer una visión profunda sobre las conexiones informáticas en nuestros días.

- Proveer información completa, pero concisa.

Una vez finalizada la parte de redes informáticas, el lector avanzará hacia los otros temas de esta guía todo en uno. En la sección final, se describe de una forma detallada el proceso de "la cadena de la muerte" en la piratería. Este tema no solo es interesante, sino también útil y se refiere a los métodos que emplean los piratas informáticos para penetrar en los diferentes sistemas y redes. ¿Preparado para comenzar? Entonces, abróchese el cinturón de seguridad y disfrute del viaje.

Capítulo 1: Fundamentos Básicos de las Redes Informáticas

En este capítulo, analizaremos los fundamentos y los conceptos básicos de las conexiones informáticas. Al hacerlo, esencialmente vamos a establecer una base conceptual para el lector. Esto ayudará a aumentar la comprensión de los conceptos discutidos más adelante y de algunos detalles técnicos de las redes informáticas.

Por lo tanto, este capítulo se enfocará principalmente en aclarar los detalles básicos de las redes informáticas para, más tarde, avanzar de manera constante sobre el conocimiento adquirido.

Para empezar, vamos a ver una breve introducción de lo que realmente son las conexiones informáticas. Luego profundizaremos en los detalles, consolidando la comprensión de los conceptos que el lector habrá aprendido con anterioridad.

¿Qué son las Redes Informáticas en la Actualidad?

La palabra "redes" describe una conexión o un conjunto de conexiones entre varios objetos. De manera similar, "redes informáticas" se refiere a la interconexión de dos o más ordenadores para permitir compartir recursos. Se puede establecer una red de ordenadores en una variedad de entornos, como hogares, oficinas o incluso en grandes organizaciones comerciales. Las redes informáticas se extienden incluso al ámbito internacional, donde los ordenadores están conectados a través de Internet. Un ejemplo más sutil y fácil de observar de redes informáticas es una impresora o un escáner conectado (mediante cable o inalámbrico) al ordenador personal del usuario.

Dado que el propósito fundamental de las redes informáticas es interconectar diferentes PC, surge una pregunta interesante; ¿por qué necesitamos estas redes, en primer término?

La respuesta es bien simple. Si una persona quiere ver una película, un video o incluso un programa de entrevistas, puede hacerlo de dos maneras.

- Haciendo uso de un dispositivo de almacenamiento físico que albergue el contenido y sea visible en su ordenador, o simplemente accediendo a Internet y entrando al sitio web donde puede encontrar el contenido y verlo directamente desde allí.

- El último enfoque implica redes informáticas. Permite al espectador conectarse a un servidor informático remoto que es el anfitrión del sitio web, lo que permite al visitante utilizar sus recursos para ver su contenido favorito. Este es solo un ejemplo simple de cómo las redes informáticas pueden beneficiar a cualquier usuario.

El fenómeno de Internet es una consecuencia de las redes informáticas y, todos sabemos lo que es pasar unos días sin Internet. Si bien hemos hablado de lo importante que son estas conexiones para cualquier persona al azar, se vuelve aún más importante y crucial para las grandes organizaciones e instituciones como hospitales, empresas comerciales, instituciones legales, etc. Estas organizaciones dependen de las redes informáticas para:

- Establecer de manera eficiente un canal de información, a través del cual toda la organización pueda intercambiar los datos que se recopilan y modifican. Las conexiones informáticas tienen una gran influencia, no solo en el sector profesional, sino también en el sector empresarial porque, sin una infraestructura de red adecuada, la industria respectiva, esencialmente, colapsaría.

Por lo tanto, para comprender la importancia y la función básica de las redes informáticas, tenga en cuenta que estas conexiones son la base misma de Internet.

Transferir datos de un lugar a otro es el propósito de la creación de redes. Otra cosa importante, que debemos saber sobre cualquier conexión, es cuántos datos puede transportar de un lugar a otro. Esta capacidad para transportar datos se llama ancho de banda. Si una conexión tiene un ancho de banda de mayor capacidad, puede transportar más datos dentro de un intervalo de tiempo específico.

La velocidad a la que una red puede transferir datos se mide en bits por segundo, que se abrevian como "Bps". Bps significa cuántos bits puede transportar un ancho de banda por segundo. En nuestros días, la tecnología informática y las redes han avanzado mucho; esta capacidad de ancho de banda ahora se mide en múltiplos de miles. Las diferentes medidas de velocidad de transferencia de datos son:

- Kilobytes - miles de bits por segundo (Kbps)

- Megabytes - millones de bits por segundo, o miles de Kilobytes por segundo (Mbps)

- Gigabytes - billones de bits por segundo, o miles de Megabits por segundo (Gbps)

Una medida estrechamente relacionada, que también verá en las redes informáticas, es "hercios"; es el número de ciclos que se transportan por segundo (de la misma manera que "hercios" expresa el número de ciclos por segundo en una señal de corriente alterna). Hercios se abrevia como "Hz" y se utiliza para medir la velocidad computacional de un procesador. Esta medida se toma en múltiplos de miles y:

- Mil Hercios se conocen como un kilohercio (kHz)

- Un millón de Hercios se conocen como un Megahercio (MHz)

- Un billón de Hercios se conocen como Gigahercio (GHz)

Por ejemplo, un procesador que funciona a 100 MHz, significa 100 millones de ciclos por segundo. Hz y bps son esencialmente la misma medida, pero se usan para diferentes elementos. Sin embargo, a veces pueden confundirse. Por ejemplo, decir que un cable Ethernet admite un ancho de banda de 10 MHz, en lugar de 10 Mbps, es bastante común y está aceptado.

Capítulo 2: Los Servicios de Redes Informáticas Explicados

En esta sección, analizaremos varios protocolos de red que se basan en el protocolo TCP / IP, o lo utilizan.

Los protocolos que discutiremos se enumeran a continuación.

1. DNS
2. DHCP
3. HTTP
4. FTP
5. NNTP
6. SMTP

Haremos numerosas referencias a los niveles en los que operan estos protocolos, en términos del modelo de red de Interconexión de Sistemas Abiertos, o "OSI". El modelo OSI define la mayoría de los métodos y protocolos a través de los cuales los ordenadores se conectan y se comunican entre sí en una red. Es una visualización abstracta, pero útil; la comprensión del modelo de redes OSI creará una base sólida para el diseño de redes y la ingeniería de soluciones de redes.

El capítulo seis trata detalladamente este tema, pero, por el momento, como referencia entre aquí y allá, mostraremos un esquema básico del modelo OSI.

El modelo se divide en siete capas distintas y separadas. Cada capa posee un rasgo conocido como "dependencia sucesiva". Esto significa que las capas sucesivamente superiores en el modelo dependen, en gran medida, de los servicios y características de las capas inferiores que las preceden.

Considere un sistema de ordenador de escritorio estándar. Está formado por varios componentes que deben trabajar juntos para que el sistema sea funcional. Si dividimos este sistema en las capas del modelo de red OSI, los componentes de *hardware* de este ordenador serían la "capa más baja". La siguiente capa, por encima de la capa de *hardware*, de este ordenador sería el sistema operativo y sus controladores.

Evidentemente, el sistema operativo y los controladores serían inútiles sin el *hardware* correspondiente. Por lo tanto, esta capa superior depende de la capa inferior anterior para realizar su función correctamente. Esta visualización de jerarquías sucesivas continúa hacia arriba hasta la capa final, donde una aplicación muestra datos útiles y digeribles para el usuario.

Las siete capas del modelo de red OSI son:

1. **Capa Física** - La capa física especifica el cable de red, el enrutador, la Caja DSU/CSU y los demás medios físicos involucrados.

2. **Capa de Vínculo de Datos** - La capa de vínculo de datos del modelo OSI enlaza la conexión entre la tercera capa (capa de red) y la primera (capa física), definiendo e implementando un protocolo mediante el cual, la capa de red transmite sus datos a la capa física.

3. **Capa de Red** - El trabajo principal de la capa de red es definir la ruta a través de la cual los paquetes de datos viajarán de un nodo a otro. Para este propósito, la capa de transporte oculta las características de las capas inferiores desde las capas superiores en el modelo OSI.

4. **Capa de Transporte** - La capa de transporte permite el intercambio de información entre el resto de capas.

5. **Capa de Sesión** - Mediante esta capa, el modelo OSI define la conexión entre dos ordenadores como una conexión cliente-servidor o una conexión peer-t0-peer. El término "sesión" se utiliza para describir esta conexión de red virtual entre ordenadores.

6. **Capa de Presentación** - La capa de presentación realiza la compresión/descompresión de datos, así como el cifrado/descifrado.

7. **Capa de Aplicación** - La principal ocupación de la capa de aplicación es controlar y mediar la interacción de la red con el sistema operativo y las aplicaciones instaladas en este sistema operativo. Básicamente define cómo las aplicaciones manejan las comunicaciones en las que se involucra el sistema cuando se conecta a una red.

Si analizamos la naturaleza de las capas del modelo OSI en una red, vemos que su interacción tiene origen en los elementos físicos, es decir, los enrutadores, cables de red, etc. A partir de ahí, las capas se mueven hacia la comunicación con elementos del sistema, es decir, avanzan hacia aspectos inteligentes de la red. A continuación, el enfoque del modelo OSI en los aspectos virtuales de la red se desplaza hacia la participación de la propia máquina dentro de la red, lo cual se hace evidente en las dos últimas capas (capas de presentación y aplicación).

Un buen conocimiento de esta técnica permite a los ingenieros de redes analizarlas de una manera más detallada y completa.

Sistema de Nombre de Dominio (DNS)

El sistema de nombres de dominio se desarrolló para resolver el problema inherente de realizar un seguimiento de las direcciones IP de los sitios web en Internet. Por ejemplo, digamos que desea visitar Google. Si el servidor que aloja los recursos de Google solo tuviera una dirección IP, entonces tendría que escribir http://209.85.171.100 para acceder a él. Si todas las direcciones de los dispositivos en Internet tuvieran el mismo esquema de direccionamiento, sería muy difícil realizarles un seguimiento.

Aquí es donde entra el DNS. Al usar este sistema, las personas pueden registrar un nombre para su dominio en ICANN. Este nombre registrado accederá a esa dirección IP en Internet. Estas son algunas de las extensiones de dominio más comunes:

- .edu (usado por instituciones educacionales)
- .gov (usado por instituciones gubernamentales)
- .mil (usado por instituciones militares)
- .net (usado por entidades relacionadas con Internet)
- .org (usado por organizaciones sin ánimo de lucro)
- .xx (usado por países. La "xx" se reemplaza por las iniciales del país respectivo. Por ejemplo, para los Estados Unidos de América: ".us")

Una vez que una entidad ha adquirido un nombre de dominio, puede agregar descriptores a dicho nombre. Por ejemplo, para el dominio **dirbs.gov**, la entidad gubernamental podría agregar **pta.dirbs.gov**.

Los nombres de los dominios se resuelven en sus respectivas direcciones IP mediante el uso de servidores DNS o "servidores de nombres de dominio". Estos servidores realizan una consulta de base de datos para un nombre de dominio ingresado por el usuario.

Luego, el servidor devuelve la dirección real del dominio al navegador web del usuario.

Protocolo de Configuración de Huésped Dinámico (DHCP)

El protocolo DHCP se desarrolló para facilitar a los administradores de una red la asignación de direcciones TCP/IP a los nodos de una manera sencilla. Este protocolo se utilizó en una época en la que los administradores resolvían la dirección de un nodo en una dirección TCP/IP y la colocaban en un archivo de texto o incluso en un cuadro de diálogo.

Los servicios proporcionados por el protocolo DHCP son esencialmente ejecutados por servidores conocidos como servidores DHCP. Estos servidores controlan un "alcance", que es una matriz de direcciones IP. Cuando un nodo se conecta a una red, solicita al servidor DHCP que le asigne una dirección. Estas direcciones son válidas por un período limitado y caducan después del límite de tiempo asignado; luego quedan disponibles para que otro nodo las utilice. Este período se conoce como "período de arrendamiento" y lo establecen los administradores de la red.

El uso principal del protocolo DHCP es apoyar las necesidades de conectividad de las estaciones de trabajo de los clientes. No se recomienda el uso de DHCP para los nodos responsables de los servicios de red, ya que cualquier cambio en la dirección TCP/IP anulará la conexión al servicio.

Protocolo de Transferencia de Hipertexto (HTTP)

Toda la Internet (llamada World Wide Web) es una colección de documentos creados usando un lenguaje de formato conocido como 'HTML' o 'Lenguaje de marcado de hipertexto'. Los hipertextos en Internet suelen consistir en:

- Textos mostrados
- Imágenes gráficas
- Comandos de formato
- Hipervínculos (al pulsar sobre ellos, el usuario es dirigido directamente hacia otro documento en Internet)

Se suele acceder a los documentos HTML mediante navegadores web como Google, Chrome y Safari.

El Protocolo de transferencia de hipertexto es lo que controla la transferencia de datos entre el cliente y el servidor web. Este protocolo opera en la capa de aplicación del modelo OSI. El protocolo HTTP hace uso de otros protocolos de Internet y DNS para establecer una conexión entre el cliente web y el servidor web. El protocolo HTTP en sí mismo es inseguro porque la transferencia de datos se realiza sin cifrado y puede ser interceptado. Para resolver este problema de seguridad, ahora usamos "HTTP seguro", comúnmente conocido como HTTPS, y SSL (Secure Socket Layers).

Protocolo de Transferencia de Archivos (FTP)

La palabra FTP se refiere tanto al 'Protocolo de transferencia de archivos' como al 'Programa de transferencia de archivos', los cuales están relacionados entre sí, en el sentido de que este último es una aplicación que hace uso del protocolo FTP. Sin embargo, en esta sección, únicamente discutiremos el protocolo FTP.

FTP funciona en la capa de aplicación en el modelo OSI y define el método por el cual se envían y reciben los datos de archivo entre el cliente FTP y el servidor FTP. Los datos transferidos pueden estar basados en texto o en binario y no hay límite en el tamaño de archivo que FTP puede procesar.

Para realizar una transferencia de archivos, el usuario primero debe conectarse al servidor FTP e iniciar sesión con un nombre de usuario y contraseña válidos. Algunos sitios permiten a los usuarios ingresar el nombre de usuario 'anónimo' con su dirección de correo electrónico como contraseña. Esto se conoce como "FTP anónimo".

Protocolo de Transferencia de Noticias en Red (NNTP)

Este protocolo se utiliza específicamente para Usenet. Usenet es un término que se refiere a grupos de discusión en Internet. Estos grupos cubren una gran variedad de temas y, en este momento, hay más de diez mil grupos de Usenet en Internet. Las conversaciones de un grupo se envían a los servidores de Usenet, para, más tarde, transferirse a los otros servidores de Usenet internacionales por eco.

Algunas clasificaciones de grupos de Usenet son:

- **Alt:** Grupo de Usenet que se enfoca en temas sobre estilos de vida alternativos y problemas diversos.

- **Comp:** Grupo de Usenet enfocado en temas de informática.

- **Gov:** Grupo de Usenet enfocado en temas relacionados con los gobiernos.

- **Rec:** enfocado en actividades recreativas.

- **Sci:** enfocado en debates científicos.

Los grupos de Usenet no son todos públicos. Los grupos que son públicos reciben las noticias de otros servidores de Usenet, pero los privados suelen ser alojados por alguna organización o institución. Los grupos privados de Usenet requieren que los usuarios se identifiquen con nombres de usuario y contraseñas adecuados.

El fenómeno de Usenet solo es posible gracias al protocolo NNTP. Este protocolo establece una conexión entre el servidor de Usenet y el lector. El protocolo también maneja el formato de mensajes, lo que hace posible que los mensajes se basen en texto o lleven adjuntos binarios. Los mensajes con archivos adjuntos binarios se codifican mediante MIME o Codificación multipropósito de mensajes de Internet (el mismo codificador que se usa para los archivos adjuntos de correo electrónico).

Protocolo Simple de Transferencia de Correo (SMTP)

El Protocolo simple de transferencia de correo gestiona el envío y la recepción de correos electrónicos, de un servidor de correo electrónico a otro. El protocolo SMTP es, simplemente, una forma de comunicarse con los sistemas de envío y recepción de los servidores de correo electrónico.

Este protocolo entra en juego cuando el sistema que envía el mensaje de correo electrónico se conecta al sistema receptor a través del puerto 25. Una vez que se ha establecido la conexión entre los dos sistemas, el remitente transmite un comando 'HELO', junto con su dirección respectiva, hacia el sistema receptor. Una vez que se ha reconocido este comando y el receptor responde con su propia dirección, se inicia la comunicación. El remitente puede entonces emitir un comando indicando que quiere enviar un mensaje, especificando el destinatario deseado del mensaje. Una vez que el sistema receptor recibe esta solicitud, busca al destinatario. Si el sistema conoce al destinatario, se reconoce la solicitud y se reenvía el mensaje, junto con los archivos adjuntos. Una vez que el sistema de recepción confirma que se ha recibido todo el mensaje, finaliza la conexión.

Seguridad en la Red con uso de Firewalls (Cortafuegos)

Seguro que la mayoría de lectores de esta guía se habrán encontrado con el indicador del firewall de Windows alguna vez. Pues bien, esta aplicación de firewall que se ejecuta en su ordenador es lo que mantiene las políticas de seguridad de la red. Los firewalls son dispositivos de hardware que protegen una red, obligándola a cumplir las políticas de seguridad. En la mayoría de las redes, el cortafuegos se instala en el enrutador mismo, aprovechando su chip de microprocesamiento y la memoria incorporada. Esto es válido para redes diseñadas e instaladas en oficinas pequeñas o escenarios similares. Sin embargo, para redes grandes, el equipo de red incluye hardware especializado para el firewall. Dicho hardware puede ser una sola unidad o varias piezas.

Normalmente, se designa un ordenador separado que ejecuta el software de firewall para la red. De lo contrario, podemos encontrar un dispositivo de firewall con un chip de ordenador dentro. Generalmente, un firewall actúa como un puesto de avanzada ubicado entre una LAN e Internet. En cuanto a los firewalls disponibles, existen principalmente dos tipos:

    1. **Firewall Basado en la Red:** Este firewall opera en la tercera capa, también conocida como capa de enlace de datos, del modelo de red OSI. La técnica de seguridad utilizada por un firewall basado en la red es principalmente el "filtrado de paquetes". Con esta técnica, el firewall se programa con un conjunto de reglas bien definidas. Siempre que un paquete de datos viaja entre dos redes, el firewall analiza y compara este paquete con las reglas y luego decide si se debe permitir que el paquete entre o salga de la red o no. El permiso o denegación de paso, de acuerdo con las reglas de filtrado para los paquetes de

datos, generalmente se basa en su dirección de destino, dirección de origen o el puerto TCP / IP.

2. **Firewall Basado en Aplicaciones:** Este cortafuegos cumple la función de proxy. La palabra "proxy", en este contexto, significa que el firewall representa la sesión interactiva del usuario con el servidor cuyos servicios se solicitan. Un firewall basado en aplicaciones no permite que el tráfico de datos pase directamente a través de las dos redes. En cambio, la comunicación entre las dos redes se regulará por el firewall, como un proxy. Por esta razón, un firewall basado en aplicaciones también se conoce como 'firewall proxy'. La técnica utilizada por un firewall proxy es 'NAT', también conocida como 'Traducción de direcciones de red'. En esta técnica, la idea principal es ocultar las direcciones de la red interna para que no sean directamente visibles para la red externa. En un modelo basado en aplicaciones, el cortafuegos es responsable de la transmisión de datos a las direcciones de red para las que se establecen las conexiones.

Capítulo 3: Introducción a los Fundamentos del Hardware de Redes de las Relaciones Informáticas

El término 'relaciones informáticas' se refiere a cómo un ordenador interactúa con otro, mientras están conectados a una red. En general, existen dos tipos de relaciones informáticas.

1. De igual a igual
2. Cliente/servidor

Estos dos tipos de relaciones son las que definen la estructura lógica de una red. Para que pueda comprenderlas mejor, le proponemos que haga una analogía con las diferentes filosofías de gestión.

Una red de igual a igual o "P2P" (peer to peer) es muy parecida a una filosofía de gestión descentralizada en la que las decisiones se toman localmente y los recursos se gestionan de acuerdo con lo que los usuarios deben hacer primero.

Una red cliente/servidor, por el contrario, es casi como una empresa que utiliza una gestión centralizada donde las decisiones se toman en una ubicación central dentro de un grupo cerrado. Existen circunstancias en las que ambas, las relaciones P2P y cliente/servidor son apropiadas, y muchas redes incorporan ambas en su configuración.

Tanto las redes P2P como las de cliente/servidor necesitan que ciertas capas en el modelo OSI sean comunes, así como una conexión de red física entre los ordenadores que se comunican utilizando los mismos protocolos de red. En lo que se refiere a esto, los dos tipos de relaciones informáticas son prácticamente iguales. Sin embargo, la principal diferencia surge cuando se trata de distribuir los recursos de red compartidos entre todos los equipos de la red o utilizar los servidores de red centralizados.

Hardware Básico de una Red

Para reforzar y consolidar las ideas que estamos explorando en esta sección, se hace necesario ahondar más en los componentes físicos del hardware de una red informática. Hasta ahora, nos hemos centrado más en cómo funciona e interactúa la red en el nivel virtual. Sin embargo, al comprender el comportamiento de la red en su ámbito virtual, ahora estamos preparados para comprender el hardware o nivel físico.

Comprender el aspecto físico de las redes informáticas nos proporciona el conocimiento adecuado mediante el cual, no solo podemos configurar una red informática correctamente, sino también solucionar problemas y mantenerla.

En esta sección profundizaremos en los siguientes elementos del hardware, cada uno de los cuales es un componente central de la red:

1. Servidores
2. Hubs (Concentradores)
3. Routers
4. Switches (Conmutadores)
5. Cables y cableado estructurado
6. Estaciones de trabajo

En las secciones finales de este capítulo, analizaremos los citados componentes del hardware dentro del contexto de dirigir el tráfico de red, centrándonos en comprender estos componentes y sus propósitos.

Servidores

Un servidor es un ordenador al que se le asigna un trabajo muy importante y exigente en el entorno de las redes informáticas. En pocas palabras, un ordenador servidor es el componente que maneja todas las solicitudes de red y otras funciones de los ordenadores conectados. Según las funciones de red, un servidor se puede clasificar en estas diferentes categorías:

• **Servidores de Archivos e Impresión:** Esta categoría incluye aquellos servidores que brindan servicios de intercambio de archivos a otros ordenadores y procesan solicitudes de impresoras basadas en red.

• **Servidores de Aplicaciones:** Son servidores que, esencialmente, brindan servicios de aplicaciones de red específicos a programas y software. Por ejemplo, un servidor que ejecuta una base de datos puede proporcionar (bajo demanda) acceso a dicha base de datos a una aplicación conectada a este servidor.

- **Servidores de E-mail:** Servidores diseñados principalmente para almacenar correos electrónicos y proporcionar servicios de interconexión a los clientes correspondientes.

- **Servidores de Red:** Esta categoría de servidores ofrece una variedad de servicios relacionados con las redes. Por ejemplo, un servidor DHCP programado para asignar direcciones TCP/IP se clasifica como servidor de red. De manera similar, un servidor que maneja el enrutamiento de paquetes de datos a través de diferentes redes (servidor de enrutamiento) proporciona un servicio de red y, por lo tanto, se clasifica como servidor de red. Otros servicios de este tipo, realizados por servidores de red, incluyen servicios de cifrado, descifrado, acceso de seguridad y acceso VPN.

- **Servidores de Internet:** Son los servidores que brindan acceso a servicios comunes de Internet como la World Wide Web, Usenet News (NNTP) o incluso los servicios de correo electrónico basados en Internet.

- **Servidores de Acceso Remoto:** Estos tipos de servidores sirven como puerta de enlace o punto de acceso para los usuarios que desean acceder a una red de forma remota.

Un sistema operativo instalado en un servidor es muy específico y está diseñado para permitir el desempeño de las tareas que acabamos de mencionar. Por ejemplo, si un servidor utiliza un sistema operativo distribuido por Microsoft, lo más probable es que utilice la edición Windows Server. Estos sistemas operativos vienen precargados con software de red. De manera similar, un servidor también puede ejecutar distribuciones Linux o UNIX diseñadas para redes. Dependiendo del sistema operativo instalado, el servidor puede realizar todas las funciones de red o ser específico para algunas. De hecho, no siempre es necesario que un servidor cumpla con todas las funciones de la red; dependiendo de su propósito, se le pueden asignar solo algunas operaciones. De esta forma, se pueden implementar múltiples servidores, cada uno optimizado para ciertas operaciones de red.

Ahora vamos a enumerar algunas de las características que diferencian a los servidores de los ordenadores domésticos:

- Los ordenadores servidores incorporan de forma nativa el elemento de redundancia dentro de su arquitectura de hardware. Esto significa que, incluso si algo dentro del hardware se rompe o falla, el servidor seguirá funcionando normalmente. Para lograr esta redundancia, sus partes internas están revestidas con múltiples fuentes de alimentación y ventiladores de enfriamiento, protegiendo al ordenador de un mal funcionamiento debido a un fallo en cualquier componente del hardware.

- Los subsistemas de un ordenador servidor también están diseñados específicamente para optimizar el flujo de datos. Si analizamos un servidor típico, veremos que el esquema de diseño para los subsistemas de disco, memoria y red es diferente al que se usa para un ordenador de escritorio. Este diseño admite un impulso de alto rendimiento, no solo para los subsistemas mencionados anteriormente, sino también para optimizar el flujo de datos. Por lo tanto, los datos que se mueven hacia y desde diferentes puntos, como el servidor, el cliente y la red, están más optimizados y son más rápidos en comparación con un ordenador común.

- Dado que los servidores ocupan una posición crucial dentro de una red informática, se presta especial atención a la "salud" del ordenador. Los ordenadores servidores cuentan con parámetros de vigilancia especialmente diseñados en cuanto a software y hardware; la propia máquina puede estar atenta a cualquier deterioro alarmante de su salud y advertir a los usuarios de un fallo inminente antes de que suceda. Por ejemplo, uno de los elementos de monitoreo instalados en los servidores son los monitores de temperatura; si la temperatura del entorno del servidor aumenta demasiado, emite una advertencia revelando el problema. Así, las personas que mantienen el servidor se hacen conscientes del problema antes de que cause una falla de hardware y pueden priorizar su resolución.

Concentradores (Hubs), Conmutadores (Switches), y Enrutadores (Routers)

El propósito de los componentes de hardware como concentradores, conmutadores y enrutadores es simplemente facilitar el establecimiento y funcionamiento adecuado de la red. Por lo tanto, estos tres componentes son hardware de red "puros" y se clasifican en la categoría de "dispositivos de interconexión de redes". Estos componentes son la base de cualquier red básica o compleja, ya que todo el sistema de cableado de la red está conectado a ellos. En términos del modelo de red OSI, el flujo de datos de estos dispositivos se puede definir en el enlace de datos físico o incluso en la capa de red.

Hablemos primero de los concentradores. Los concentradores también se denominan comúnmente "hubs". El propósito principal de un concentrador es proporcionar un punto de conexión central para los cables de red. Los concentradores pueden admitir varios cables de red; la cantidad de cables depende del tamaño del concentrador. Uno pequeño y normal puede conectar cables de red provenientes de dos ordenadores, mientras que un concentrador grande puede admitir más de sesenta ordenadores. El concentrador más habitual no es ni "pequeño" ni "grande", sino un concentrador de "tamaño mediano" que generalmente admite hasta 24 ordenadores cliente.

En un concentrador, hay un cable lógico a través del cual los ordenadores cliente conectados se comunican con la red. La capacidad de este cable lógico se conoce como "dominio de colisión". A veces, la interferencia se produce cuando demasiados ordenadores cliente están conectados a un solo concentrador e intentan comunicarse con la red.

Ahora analizaremos los conmutadores. La infraestructura del circuito (cómo se han dispuesto los cables) de un conmutador es sorprendentemente similar a la de un concentrador. Un conmutador también se parece a un concentrador. Aunque la base conceptual del funcionamiento de "hubs" y "switches" es muy similar, el parecido termina ahí. A diferencia del concentrador, cada puerto de conexión de un conmutador tiene su propio dominio de colisión. De esta manera, cada conexión de red en un conmutador puede comunicarse libremente con la red a través de un dominio de colisión separado, en lugar de uno solo.

Cada conexión de red en un conmutador está hecha para ser una conexión privada. Hoy en día, la mayoría de las redes de ordenadores implementan conmutadores en lugar de concentradores, principalmente porque son una solución más barata. Sin embargo, los conmutadores también tienen numerosos beneficios sobre los concentradores (dejaremos esta discusión para otro momento, ya que el objetivo principal es aprender cómo funcionan). Las buenas soluciones de red utilizarán uno o más conmutadores de red troncal, que se conectan a los conmutadores principales. Estos conmutadores troncales generalmente operan a una velocidad mucho más alta que los conmutadores principales. Sin embargo, incluso si se utilizan concentradores en una solución de red, seguirá existiendo el uso de un conmutador de red troncal (que es simplemente un conmutador individual conectado al concentrador). La siguiente figura muestra una disposición típica de conmutadores y concentradores en una red.

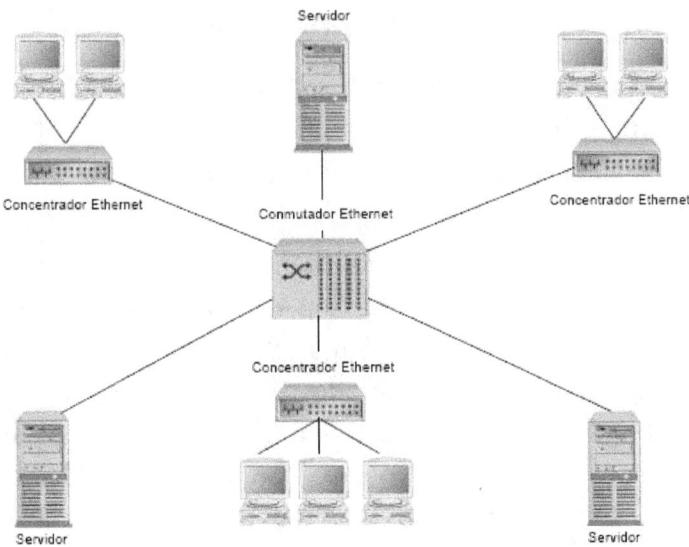

Por último, pero no menos importante, el enrutador. El trabajo principal de un enrutador en una red de ordenadores es enrutar los paquetes de datos de manera efectiva a través de una red a la siguiente. Un enrutador también puede ser un puente, que ofrece una ruta de flujo para los paquetes de datos entre dos redes conectadas. Estas dos redes establecen una conexión con el enrutador utilizando sus respectivos tipos de cableado y conexión.

Comprendamos esto mejor con un ejemplo. Considere un enrutador en una red que establece una conexión entre una red 10Base-T y una línea telefónica ISDN. En este escenario, el enrutador se ocupa de dos conexiones de red, una desde/hacia la red 10Base-T y la otra desde/hacia la línea telefónica ISDN. El trabajo del enrutador será crear una ruta adecuada para que los paquetes de datos viajen entre estas dos conexiones de red.

Además de estas conexiones de red definidas, el enrutador puede tener otra conexión de terminal. El propósito de esta conexión secundaria sería programar y mantener el enrutador en sí.

Cables y Cableado Estructurado

Al configurar una red informática, encontrará que hay una gran variedad de cables de red disponibles para usar. Pero en este nivel, solo debemos preocuparnos por los principales cables de red de uso común.

Los cables de red más comunes que se utilizan al configurar una conexión de red de área local son los cables de par trenzado de categoría 5. Estos cables también se denominan cables "Cat-5". Un cable tiene cuatro pares trenzados; esto significa que tiene ocho puntos de contacto de cables. Debido a este diseño, puede llevar la señal de la red a cada uno de estos ocho puntos de cable. El cable de red de par trenzado de categoría 5 se utiliza principalmente con redes Base-T como la red 100Base-T y la red Ethernet 1000Base-T.

También está disponible una versión de menor calidad de este mismo cable de red, y se denomina "cable de par trenzado de categoría 3". El diseño general y la estructura de este cable de red son similares a los del cable Cat-5 de gama alta; la principal diferencia es la cantidad de pares que admite. Mientras que el cable Cat-5 tiene cuatro pares de cables trenzados, el cable Cat-3 tiene dos pares de cables trenzados, es decir, la mitad del Cat-5. Por lo tanto, el cable de red de par trenzado Cat-3 se usa generalmente para admitir conexiones de red más antiguas, como la red 10Base-T, y usa conectores comparativamente más pequeños que los conectores Cat-5.

Igualmente, ahora hay versiones más nuevas y mejoradas de los cables de par trenzado de Categoría 5. Existe el cable Cat-5E mejorado y el nuevo cable de red estándar Cat-6. No hay mucha diferencia entre el Cat-5 y las versiones más nuevas; los cables Cat-5E y Cat-6 son esencialmente los mismos que los cables Cat-5. La única diferencia es que estos cables de red de par trenzado más nuevos admiten especificaciones de red más altas, lo que los hace ideales para la instalación en redes que funcionan a velocidades más altas. Dado que hay poca diferencia física, las versiones más nuevas son compatibles con los tipos de red más antiguos. Si usted ha usado un cable Cat-5 para una red 100Base-T, también puede usar los cables de red Cat-5E y Cat-6 para las mismas conexiones de red.

Otro tipo de cable de red popular en el pasado, pero no tan común en las instalaciones de red más actuales, es el cable coaxial. Este se puede encontrar en instalaciones de redes en edificios antiguos.

Hablemos de la estructura del cable coaxial. En este cable de red, hay un núcleo central, generalmente no más grueso que un alambre, hecho de cobre y conocido como el "conductor". Este núcleo está rodeado por un material plástico. Esta cubierta de plástico sobre el conductor está envuelta con un "escudo" que es básicamente de metal trenzado. Sobre este escudo, hay una cubierta exterior hecha de plástico. En el pasado, es posible que haya visto un cable grueso que conectaba su televisor a la red de la televisión por cable. Este cable también era un tipo de cable coaxial, y se usaba también para módems de cable hace varios años. El cable coaxial que se utilizó en redes como "Thin Ethernet" o 10Base-2 fue el cable coaxial RG-58.

Del mismo modo, para redes como ARCnet, se utilizaba otro cable coaxial (pero similar), que era el RG-56. El cable coaxial a utilizar dependía de la especificación de la red en la que se realizaba la instalación. Las especificaciones de una red definían la compatibilidad con un determinado tipo de cable coaxial. Esto impuso una limitación a la compatibilidad y la usabilidad universal del cable coaxial, ya que significaba que no se podían mezclar diferentes cables coaxiales al configurar una red, y era muy importante utilizar el cable especificado para la red que se estaba construyendo.

Pasemos a hablar ahora sobre el cableado estructurado. Un "cableado estructurado" es un término que se utiliza para describir la instalación completa del cable de red en el edificio designado. Cuando hablamos del cableado estructurado de una red, nos referimos a los cables de red, los conectores, las placas de pared, los paneles de conexión y el equipo de red relacionado con los cables de red instalados en el edificio. En la superficie, la instalación y administración de cables de red puede parecer una tarea sencilla, pero es todo lo contrario. Las estructuras de cables son muy difíciles y complejas. Debido a esto, siempre se recomienda elegir un proveedor que sea profesional y esté experimentado en la instalación de cableado estructurado.

Hardware de la Estación de Trabajo

En un entorno profesional, los ordenadores que utilizan las personas conectadas a una red son estaciones de trabajo en red. Generalmente, las estaciones de trabajo son los PC clientes en una red. Sin embargo, las estaciones de trabajo también se pueden modificar para que funcionen como servidores de red. Una estación de trabajo denominada "cliente de red" tiene las siguientes características habitualmente.

1. Es un ordenador basado en Intel

2. Casi siempre ejecuta un sistema operativo basado en Windows

3. El sistema operativo de instalación incluye NIC y software de cliente de red (esto permite que la estación de trabajo del cliente de red se comunique con la red)

Las características mencionadas anteriormente muestran que lo habitual es que una estación de trabajo "cliente de red" ejecute Windows como sistema operativo principal. Pero la palabra clave aquí es "habitual". Hay casos en los que las estaciones de trabajo de red utilizan un sistema operativo distinto de Windows. Tales ordenadores integran un determinado hardware y software para permitir que la estación de trabajo participe en la red, incluso si el sistema operativo es diferente. Por ejemplo, los ordenadores Apple basados en Macintosh y Unix también se pueden usar como estaciones de trabajo en red.

Utilizar el tráfico de red y conocer el hardware de red

En las secciones anteriores de este capítulo, hemos visto los componentes de hardware involucrados en cada configuración de red y también hemos analizado el propósito de cada uno de ellos. En esta sección, daremos un paso más allá y analizaremos la funcionalidad real del hardware para dirigir el tráfico de red.

El enfoque fundamental y básico para probar la capacidad de cualquier diseño de red es comprobar con qué efectividad puede dirigir el tráfico de red de nodo a nodo. Esta prueba determina si la red diseñada es lo suficientemente buena o si tiene un rendimiento inferior. Para realizar la prueba, el primer requisito es poner los componentes de hardware de la red en una configuración que permita a dicha red enviar señales a través de los componentes de hardware conectados de manera eficiente. Esto se hace teniendo en cuenta el tipo y los requisitos previos de conectividad de la red.

En esta sección, analizaremos los siguientes componentes básicos de hardware de red:

- *Repeaters* o **Repetidores**: Estos dispositivos alargan la distancia de viaje del tráfico de red en el tipo de red correspondiente.

- *Hubs* o **Concentradores**: Estos dispositivos se utilizan al configurar una red con topología en estrella. Los concentradores conectan los diferentes nodos.

- *Bridges* o **Puentes**: Estos dispositivos son similares a los repetidores, pero más inteligentes. Los puentes dirigen el tráfico de red hacia diferentes segmentos. Esto se hace para que la segmentación solo se realice en caso de que el destino del tráfico sea, efectivamente, el otro segmento.

- *Routers* o **Enrutadores**: Estos dispositivos simplemente enrutan el tráfico de la red de manera efectiva y eficiente.

- **Switches** o **Conmutadores:** Estos dispositivos sirven como una conexión punto a punto rápida y eficiente para el otro hardware de red conectado.

Repeaters (Repetidores)

El repetidor es un dispositivo de hardware que se utiliza para alargar el alcance de la red; la forma en la que amplía dicho alcance es aumentando las señales. De hecho, siempre que se instala una red, habrá lugares donde la señal sea débil. El repetidor concretará el lado de la red donde esto ocurra, aumentará la señal débil y luego la enviará por el otro lado. Los repetidores se utilizan más comúnmente para redes con un alcance limitado, como las redes Ethernet delgadas. Por lo tanto, habitualmente verá que se usan en tales configuraciones de red. Sin embargo, esto no significa que el uso de repetidores se limite a estas redes.

Por el contrario, se pueden utilizar para prácticamente cualquier conexión de red. Por ejemplo, considere una red 100Base-T típica instalada con cables de red Cat-5. La longitud máxima de este cable es de cien metros, lo que significa que ese es el alcance de la red. Al usar un repetidor en esta configuración, podemos duplicar el alcance de la señal de red a doscientos metros.

En términos del modelo de red OSI, la operación de repetidores es un proceso en la primera capa, es decir, la capa física. Un dispositivo repetidor no es inteligente, lo que se traduce en que no tiene la capacidad de hardware para comprender las señales que está transmitiendo. Dado que el único trabajo del repetidor es realizar una amplificación de señal de red, debe usarse con cuidado. El repetidor no discernirá entre una señal de red y una señal de interferencia (también conocida como "ruido"). Es por eso que deben usarse solo después de una evaluación cuidadosa de la red. De lo contrario, un repetidor podría amplificar el ruido.

Los repetidores no se pueden utilizar para conectar diferentes medios de red. Por ejemplo, si se utiliza un repetidor con una red 10Base-2 Thin Ethernet, solo se puede conectar con otra red 10Base-2 Thin Ethernet.

Si analizamos a fondo la inteligencia de un repetidor, podemos encontrar que posee un ligero indicio de funcionalidad inteligente; sin embargo, no tiene suficiente capacidad para realizar operaciones complejas, como discernir entre los tipos de señales que se transmiten. El alcance de la funcionalidad inteligente de un dispositivo repetidor es la capacidad de separar una conexión de las demás, cuando el dispositivo detecta algún problema o anomalía en la red conectada. Por ejemplo, consideremos que estamos tratando con dos segmentos de una red ethernet delgada. Estos dos segmentos están conectados por un dispositivo repetidor. Si ambos segmentos se rompen, en lugar de apagar toda la red, el repetidor permitirá que el segmento funcional siga funcionando. De esta manera, los usuarios de la red pueden acceder a los recursos en el segmento de red que aún funciona, pero no tendrán acceso a los recursos en el segmento roto. Sin embargo, una cosa a tener en cuenta aquí es que, incluso si el repetidor separa el segmento de trabajo del segmento roto, si los recursos principales, como los servidores, están en el segmento roto, será inútil. Esto responde a que, incluso si las estaciones de trabajo estuvieran en el segmento funcional, no podrían acceder a los principales recursos de red del servidor.

La figura que se muestra a continuación refleja una configuración típica de repetidor que se extiende a lo largo de la red.

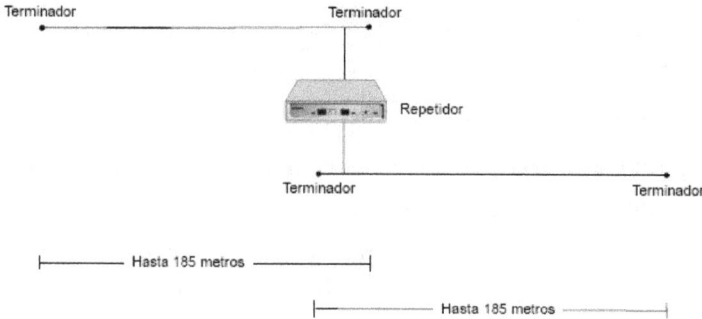

Hubs (Concentradores)

Este dispositivo de hardware se utiliza en una configuración de red para conectar los nodos a las redes troncales. Si analizamos la topología de la red donde se utilizan los concentradores, podemos ver que los nodos están conectados al concentrador en forma de estrella. Esto quiere decir que los cables de red conectados al concentrador se abren en abanico hacia cada nodo correspondiente. Dicha disposición de los cables sigue siendo la misma, tanto si se utiliza un concentrador en una topología en forma de estrella como en una red de topología en anillo. En redes más pequeñas, no hay necesidad de conmutadores troncales y, por lo tanto, no hay necesidad de un concentrador. Sin embargo, los concentradores se pueden utilizar de la misma forma en redes simples y redes grandes y complejas.

En cuanto a la compatibilidad de los concentradores con los tipos de medios de red, afortunadamente ofrecen una compatibilidad perfecta. Esto nos permite usar un concentrador con cualquier red sin preocuparnos por problemas de incompatibilidad. Si vamos más allá y miramos los modelos de *hubs* de gama alta, veremos que cuentan con un módulo reemplazable a través del cual un solo *hub* puede admitir múltiples tipos de medios de red. Por ejemplo, un modelo de concentrador de gama alta puede admitir módulos de red Ethernet y Token-ring.

Podemos encontrar los concentradores o *hubs* en el mercado en muchos tamaños diferentes. Algunos ofrecen soporte para hasta 2 estaciones de trabajo, mientras que otros, para más de cien. Todo depende de las necesidades de la red.

Enumeraremos ahora algunas características destacadas de los concentradores:

- Al igual que un eco que se origina de un sonido en las profundidades de una cueva, el concentrador perpetúa los datos de cada uno de sus puertos a todos los otros puertos correspondientes. A pesar de que los centros de cableado están dispuestos en estilo de estrella, su funcionamiento lógico es más parecido a los de topología en "bus". Sin embargo, debido al eco de los datos, ninguna lógica o proceso de filtrado puede impedir las colisiones de paquetes de datos procedentes de los nodos conectados.

- Una característica distintiva de los *hubs* o concentradores es que pueden apagar de manera efectiva un nodo que se comporte mal, separándolo de los otros nodos que funcionan correctamente. Este proceso también se conoce como "partición". Los escenarios en los que un concentrador divide un nodo incluyen la detección de un cortocircuito en el cable de red, una afluencia excesiva de paquetes de datos desde un puerto del concentrador que inunda la red y la detección de un problema grave relacionado con el puerto del concentrador. La partición efectiva de un nodo que funciona mal evita que afecte negativamente a los otros nodos que funcionan normalmente.

A medida que la tecnología avanza, la mecánica y la infraestructura de los dispositivos concentradores también se están volviendo cada vez más sofisticados. Las nuevas versiones y modelos de los centros más actuales incluyen características muy interesantes.

- Los concentradores actuales incluyen una función de administración incorporada; mediante el uso de protocolos de administración de red como SNMP, un concentrador se puede manejar de forma centralizada, a través de la red.

- Ahora hay concentradores que pueden detectar automáticamente la velocidad de conexión de la red y ejecutar cada nodo a esa velocidad. Por ejemplo, un concentrador que detecte una red 10Base-T ejecutará cada nodo a 10 Mbps. De manera similar, para una red 100Base-T, el concentrador ejecutará cada nodo a 100 Mbps.

- En estos días tenemos disponibles concentradores que utilizan enlaces ascendentes con velocidades más rápidas para conectarse a una red troncal. La velocidad media del enlace ascendente suele ser diez veces superior a la velocidad básica del concentrador. Por ejemplo, un hub con una velocidad básica de 100 Mbps tendrá un enlace ascendente con una velocidad de 1 Gbps.

- Los concentradores ahora vienen con una función de enrutamiento y puenteo incorporada. Anteriormente, las redes que usaban concentradores requerían dispositivos de hardware dedicados a realizar funciones de puente y enrutamiento. Con esta función incorporada en los concentradores, el uso de tales dispositivos se ha vuelto obsoleto.

- Los concentradores cuentan ahora con una función de conmutación incorporada. Con esta función, el concentrador puede cambiar los nodos en lugar de compartirlos.

Al elegir un *hub* o conmutador adecuado para su red, lo primero que debe tener en cuenta son las especificaciones de esta. Al saber cuántos nodos están conectados al concentrador, el ancho de banda requerido para cada nodo y el tipo de red troncal que se utiliza con el concentrador, podemos elegir el más adecuado para la red. En cuanto a las redes troncales que generalmente se instalan con un concentrador, a menudo suelen ser redes ethernet delgadas de 10 Mbps compartidas y 100Base-Tx de 100 Mbps y redes de alta velocidad. Cualquiera que sea el caso, la elección de una tecnología de red troncal depende principalmente del requisito de ancho de banda de la red y otros criterios que deben cumplirse para la red diseñada.

Técnicamente, en una red en la que se utilizan concentradores, estos actúan como "dominios de colisión", donde suelen producirse las colisiones. Por lo tanto, si utilizamos varios concentradores en una sola configuración de red, el área del dominio de colisión en la red inevitablemente se hará más grande. La única excepción es cuando los concentradores se conectan individualmente a un conmutador. Al usar conmutadores, podemos restringir los dominios de colisión de cada concentrador a sí mismo. La figura que se muestra a continuación refleja una red que utiliza varios concentradores.

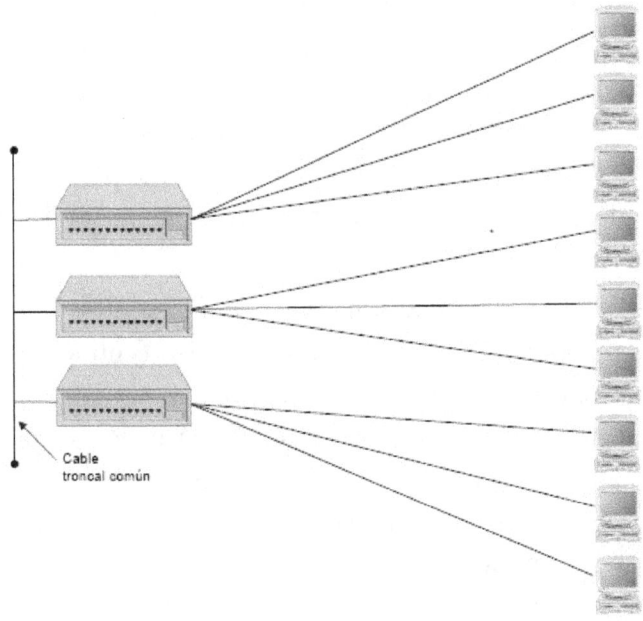

Switches (Conmutadores)

Tal como su nombre indica, un conmutador es un componente de hardware de una red que puede cambiar rápidamente las conexiones de un puerto a otro. Este dispositivo crea conexiones en una red conmutando dinámicamente entre varios puertos de red disponibles. Considere varios trenes, donde algunos vienen de ciertas vías y salen por otras vías. Imagine que hay una persona designada encargada de administrar el movimiento y las rutas de los trenes. A esta persona se le llama "administrador de vías". Para asegurarse de que los trenes lleguen a su destino, el administrador o encargado básicamente cambia las vías de acuerdo con su ruta especificada. En esta analogía, el "conmutador" es el "administrador de vías". En lugar de dirigir los trenes cambiando las vías, un conmutador dirige los paquetes de datos a través de la red mediante un cableado Ethernet. De esta forma, un paquete de datos se encamina de forma eficaz a su destino.

Ya sabemos que un conmutador establece una conexión individualizada entre dos puertos de la red. Tiene sentido que todos los puertos que convergen en el dispositivo de conmutación no compartan un dominio de colisión común. Es por eso que un dispositivo de conmutación juega un papel bastante similar al de un superpuente.

Debido a la naturaleza de los conmutadores, se utilizan principalmente para crear conexiones entre concentradores y crear conexiones troncales más rápidas en una red. Por ejemplo, visualice una red que utiliza diez concentradores. Cada concentrador admite hasta 24 nodos de conexión para estaciones de trabajo. Con diez concentradores, tendremos alrededor de 240 nodos de conexión, lo que significa que habrá 240 estaciones de trabajo en total conectadas a ellos. Si estos *hubs* están conectados a la misma conexión troncal en la red, significa que todos los concentradores comparten el mismo dominio de colisión. Cuando las 240 estaciones de trabajo comparten el mismo dominio de colisión, el rendimiento de la red se deteriora, pero podemos solucionar este problema utilizando un conmutador con 12 puertos. Anteriormente, cada puerto del conmutador tenía su propio dominio de colisión independiente. Aquí, los diez concentradores conectados al conmutador de 12 puertos tendrán dominios, manteniendo así la calidad de la red.

Una conexión de red 100Base-T se usa comúnmente con estaciones de trabajo y un experto en redes recomendaría una conexión 1000Base-T o más rápida como red troncal. Mediante el uso de un conmutador y una red troncal rápida, las estaciones de trabajo conectadas a la red a través de los nodos pueden operar a 100 Mbps.

Los conmutadores tienen un impacto tan positivo en la velocidad y el rendimiento de la red, que usar un conmutador se convierte en casi una obligación. Otro aspecto que hace que los conmutadores sean tan deseables en las redes es que son muy económicos. Para una red de área local típica, el uso de conmutadores en lugar de concentradores tiene más sentido porque los concentradores son componentes de red bastante costosos. En comparación, un conmutador es mucho más económico, tiene mucho que ofrecer a la red y es comparativamente más fácil y sencillo de instalar. Hoy en día, la oferta y la demanda de conmutadores es abrumadora.

La razón por la que necesita conocer y comprender los concentradores es que, aunque no se utilizan ahora, es posible que aún se encuentre con instalaciones antiguas que los utilicen. En las instalaciones de red más nuevas, está garantizado que se encontrará exclusivamente con conmutadores. Para reiterar el concepto principal de estos *hubs* y *switches*, los primeros crean un dominio de colisión de paquetes más grande, mientras que los conmutadores tienen dominios de colisión separados y más pequeños.

Bridges (Puentes)

Un puente es un dispositivo de hardware que realiza la misma función que un repetidor, pero es más inteligente. Los puentes funcionan uniendo dos segmentos de red, al igual que los repetidores; la principal diferencia es que cuando un puente debe pasar tráfico de datos de un segmento a otro, lo hace de forma inteligente. Esto conlleva que un puente solo pasará el tráfico de datos al otro segmento si el destino de este tráfico es el segmento objetivo; de lo contrario, no lo hará. Otra característica distintiva de un puente es que puede dividir la red en segmentos más pequeños. Algunos puentes se pueden conectar a dos segmentos de red. Por ejemplo, un puente de este tipo puede abarcar desde Ethernet delgado coaxial hasta un Token Ring de par trenzado.

Ya hemos hablado previamente sobre la capa en la que operan los repetidores (que era la capa física del modelo OSI). Basándonos en esto, podríamos suponer que, dado que la función y el propósito de los puentes son prácticamente los mismos que los de los repetidores, también operarían en la primera capa del modelo de red OSI. Sin embargo, ese no es el caso. Los puentes operan en una capa a un nivel superior, es decir, en la segunda capa, también conocida como capa de vínculo de datos en el modelo de red OSI. Esto obedece a que los puentes conectan los segmentos de la red y luego pasan el tráfico de datos de un segmento a otro segmento "de manera inteligente". Para llevar a cabo esta función, el puente analiza la dirección MAC o de control de acceso al medio de cada paquete de datos encontrado. Este análisis de la dirección MAC ayuda al puente a determinar si debe reenviar el paquete de datos a la otra red o no. Un dispositivo puente puede almacenar partes de los datos de direcciones de la red y se puede ejecutar de dos formas:

1. El usuario programa una tabla de enrutamiento estática que contiene la información y los datos de la dirección.

2. El usuario implementa un sistema de aprendizaje dinámico que aprende en un patrón en forma de árbol, identificando y descubriendo automáticamente las direcciones de la red.

Los puentes no deben usarse a la ligera. Estos son los escenarios en los que se recomienda el uso de tales dispositivos:

- Son apropiados para las redes a pequeña escala

- Si la red está usando un repetidor, se puede instalar un puente en lugar del repetidor.

- Si la red en cuestión parece beneficiarse cuando el tráfico de red no se transfiere innecesariamente entre los diferentes segmentos, es recomendable utilizar un puente.

Routers (Enrutadores)

Continuando con la cadena de iteraciones inteligentes de los otros componentes de hardware de la red, un enrutador es básicamente un puente, pero aún más inteligente, al igual que un puente es una versión inteligente de un repetidor. Así como los puentes operan en una capa más alta que los repetidores (en la capa de vínculo de datos) en el modelo de red OSI, los enrutadores operan en la tercera capa del modelo de red OSI, también conocida como capa de red. Los enrutadores son más eficientes y mucho mejores que los puentes para transmitir paquetes de datos a sus respectivos destinos.

Dado que el funcionamiento del enrutador se encuentra en la tercera capa del modelo de red OSI, el único requisito para que las capas superiores del modelo OSI establezcan una conexión con el enrutador es utilizar los mismos protocolos. Si el enrutador está configurado y diseñado específicamente para la traducción de protocolos, entonces puede traducir cualquier protocolo de las primeras tres capas (física, de vínculo de datos y de red) a cualquier otro protocolo que también forme parte de estas tres capas. Un enrutador también puede conectar dos redes que no tienen similitudes entre sí (por supuesto, la conexión de redes similares es posible también). En general, los enrutadores son los dispositivos más adecuados y se usan comúnmente para redes de área amplia (WAN), ya que pueden crear de manera efectiva los enlaces necesarios para que se establezca esta red.

Si analizamos cuáles son las características que le permiten al enrutador o *router* conectar de manera efectiva dos redes similares o diferentes, podemos concluir que este cumple esencialmente el papel de un nodo. Los enrutadores cuentan con su propia dirección de red, lo que solidifica aún más su función como nodo. Un *router* recibe paquetes de datos de otros nodos, los analiza y examina, y solo después de esta evaluación, el enrutador envía el paquete de datos a su destino. Este procedimiento debe realizarse casi instantáneamente para evitar retrasos y demoras en el tráfico de datos. Para garantizar que el enrutador realice este trabajo con rapidez y precisión, están diseñados con un microprocesador en su interior que maneja las necesidades lógicas y computacionales de la tarea. Por lo general, este procesador es una variante del chip tipo ordenador RISC o conjunto de instrucciones reducido. Además de un microprocesador, los enrutadores también tienen memoria incorporada para ayudar con la función de enrutamiento. Dado que estos dispositivos son más inteligentes que los puentes y tienen más recursos computacionales, pueden averiguar la ruta más corta (si está disponible) hacia el destino de cualquier paquete de datos y utilizarla.

Además de esto, también pueden realizar ciertas tareas que facilitan la maximización del ancho de banda de una red. Además, un enrutador puede adaptarse lógica y dinámicamente a los problemas de tráfico detectados en las redes.

Hablemos, a continuación, de la importancia de los enrutadores en una red. No sería exagerado decir que forman la columna vertebral de toda Internet. Por ejemplo, consideremos el comando TRACERT. Cuando se usa este comando para rastrear una ruta desde dos puntos, de un nodo hasta un destino, se puede ver que hay múltiples "saltos" mostrados por la terminal antes de que pueda mostrar el destino. Estos "saltos" son los *routers*, que reenvían el paquete de datos hasta que llega a su destino.

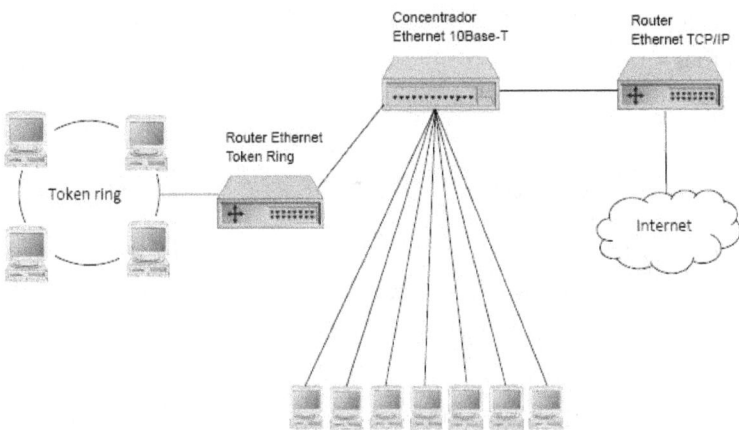

Los enrutadores no están preconfigurados. Para realizar correctamente sus tareas y funciones, es necesario programarlos. Por ejemplo, una configuración de enrutador estándar puede incluir la asignación de direcciones de red a cada uno de sus puertos y la configuración de los ajustes del protocolo. La programación de enrutadores, generalmente, se realiza de cualquiera de estas dos formas:

    1. Por lo general, existe un puerto conocido como puerto RS-232C. Al usar un software de emulación de terminal, podemos conectar un ordenador o un terminal usando este puerto. Una vez conectado, es posible programar el enrutador en modo texto.

    2. Además de programar un enrutador directamente desde su puerto RS-232C, también se pueden programar mediante el software basado en red que viene con él. Lo más común es que este software utilice una herramienta gráfica o una interfaz web simple.

Ambos de estos métodos son compatibles con la mayoría de los *routers* disponibles en la actualidad. Sin embargo, no existe un método recomendado. Todo depende de aspectos como sus necesidades de seguridad y el modelo específico del enrutador que esté utilizando. Al utilizar enrutadores, se debe tener cuidado, ya que los piratas informáticos pueden aprovechar su método de programación basado en red en su beneficio. Esto permitiría a los usuarios no autorizados cambiar la configuración del enrutador.

Gateways (Puertas de Enlace)

Una puerta de enlace es una interfaz específica de la aplicación. Su trabajo principal es vincular todas las capas del modelo de red OSI, siempre que se detecte que son diferentes. Esta diferencia puede darse en una sola capa o en todas las capas y la puerta de enlace cumplirá su función en cualquiera que sea el caso. Para entender esto mejor, veamos un ejemplo. Supongamos que hemos establecido redes utilizando el modelo de red OSI, pero queremos conectarnos a una utilizando la Arquitectura de red de sistemas, también conocida como SNA, por IBM. Estas dos redes no son similares, por lo que para conectarlas usaremos una puerta de enlace. Estas pasarelas también pueden traducir Ethernet a Token Ring. Sin embargo, existen soluciones de red más simples para realizar una traducción de red como esta. La carga de traducción en las puertas de enlace es considerablemente mayor que en otros dispositivos, provocando que su funcionamiento se vea ralentizado.

Hoy en día, su uso en redes es principalmente para manejar correos electrónicos. Por ejemplo, dos de los protocolos de correo electrónico más comunes que manejan las puertas de enlace son:

- POP3
- SMTP

De manera habitual, la mayoría de los sistemas de correo electrónico que se conectan a redes diferentes utilizarán un ordenador configurado como puerta de enlace o usarán el servidor de correo electrónico para realizar las tareas de la puerta de enlace.

Fundamentos básicos de las tipologías de Cables

Antes de comenzar a ver las topologías de cable, repasemos el concepto de 'Topología'. La palabra 'Topología' significa 'forma'. De manera similar, la palabra 'Topología de red' se refiere esencialmente a la forma de una red (la disposición cableada de los nodos de la red).

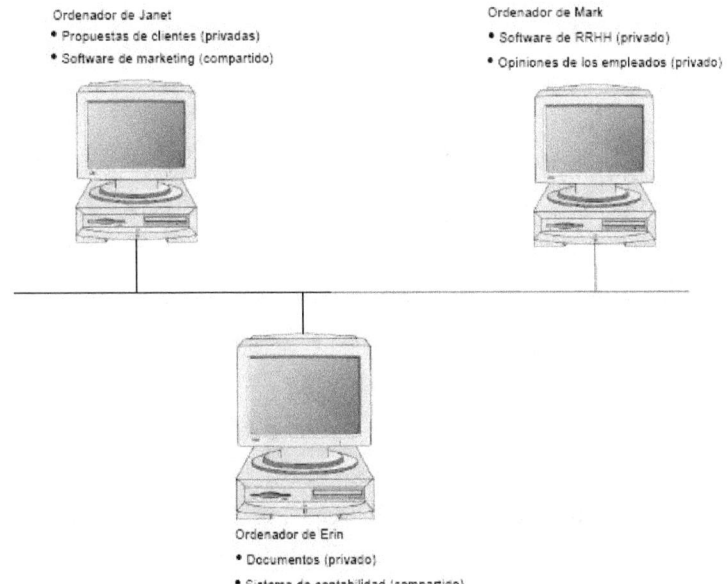

Las diferentes topologías tienen diferentes precios, ventajas, desventajas, rendimiento, estabilidad y confiabilidad. En esta sección, analizaremos las tres topologías de cables principales que se utilizan comúnmente en la actualidad.

1. Topología bus
2. Topología estrella
3. Topología anillo

Topología bus

La topología bus también se denomina comúnmente "topología multipunto de bus común". Una topología bus es básicamente una red que utiliza un solo cable de extremo a extremo. En este cable de red, algunos dispositivos están conectados en diferentes ubicaciones en el cable, y estas conexiones se denominan "nodos". A continuación, se muestra una ilustración simple de una red de topología bus:

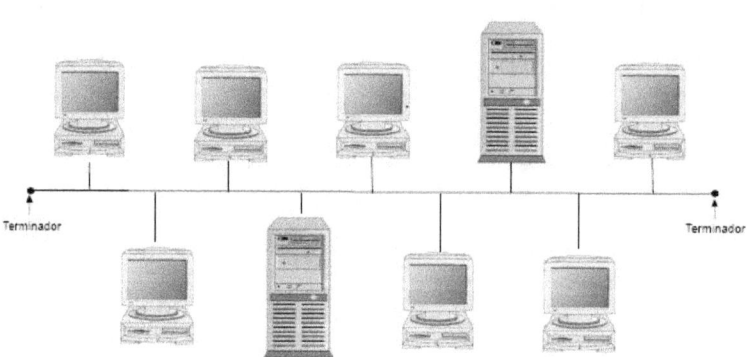

Sin embargo, no se utiliza una topología bus universal. Por el contrario, existen muchos tipos, cada uno con sus propias especificaciones. Estas se basan en varios factores:

- La cantidad de nodos que puede manejar un solo segmento
- Al usar un repetidor, ¿cuál es el número de segmentos que se pueden usar?
- El límite máximo de proximidad física para los nodos.
- La longitud del segmento de red

- El cable coaxial requerido
- Cómo terminan los extremos del segmento

Generalmente, una red de topología bus lleva cable coaxial. En un tipo de red como esta, los dos extremos terminales abiertos de la red deben direccionarse o, de lo contrario, la red no funcionaría. Se utiliza un tipo especial de terminador de cable en cada terminal de la red.

Hay varias topologías de bus diferentes y cada grupo usa un tipo diferente de conector para unir los diferentes segmentos del cable de red. Por ejemplo, una red de topología de bus Thin Ethernet 10Base-2 utiliza un conector conocido como "conector BNC" o como "conector BNC-T" debido a su parecido con una forma de "T". Este conector permite que un nodo (ordenador o servidor) se conecte al segmento de red mientras permite que la red continúe su bus. También existen diferentes tipos de conectores BNC:

1. Conector BNC-T
2. Conector BNC barrel
3. Cable RG-58 cable con conector BNC macho

En términos de presupuesto, la red de topología bus es la opción más económica de las tres. Esto se debe a que utiliza menos cable de red con respecto a la topología en estrella y en anillo. Por lo tanto, una red de topología bus utiliza menos materiales de red y necesita menos mano de obra de instalación. Sin embargo, si bien la topología bus tiene ventajas sobre las otras dos topologías, también presenta importantes inconvenientes.

Una red con topología bus es más sensible y propensa a fallos porque comprende múltiples subescalas, que esencialmente crean un segmento. Estas subescalas deben estar conectadas a los nodos y semejante nivel de complejidad introduce un nuevo problema:

- Si los segmentos de la red de topología bus fallan, provocarán el fallo de los segmentos de la red.

- Identificar la fuente del error es aún más tedioso y requiere más tiempo, ya que el técnico debe revisar las conexiones de cables disponibles hasta que se identifique la fuente del segmento defectuoso.

Dado que una red de topología bus aparentemente no es fiable y es más propensa a fallos, muchas nuevas instalaciones de redes cableadas no utilizan esta topología. Sin embargo, pueden verse en instalaciones de red más antiguas.

La red de topología bus más utilizada en el pasado y que todavía tiene una existencia limitada en la actualidad es la red Ethernet 10Base-2 (también conocida como Thin Ethernet). Una red Thin Ethernet tiene estas características:

- 10 Mbps de máxima velocidad

- El tipo de cable de red y conectores utilizados son '**RG-58/AU**' o '**RG-58/CU**' (cable coaxial y conectores BNC respectivamente)

- Para funcionar correctamente, la red requiere que cada extremo de cada segmento termine con un conector de terminación de 50 ohmios

- La capacidad máxima de nodos por segmento es de 30 nodos

- La longitud máxima del segmento es de 185 metros o 607 pies

- Los repetidores pueden presentar segmentos extendidos

- La distancia mínima entre cada nodo debe ser de 0,5 metros o 1,5 pies de distancia del cable

En una red que usa topología bus con repetidores que permiten al usuario conectar hasta tres segmentos juntos, cada segmento conectado admitirá hasta 30 nodos (contando el repetidor como un nodo). Se podrían agregar dos segmentos más si el único propósito fuera extender la distancia de la señal y estos segmentos no tuvieran nodos conectados a ellos. Esto haría un total de cinco segmentos, los cuales podrían agregarse usando un repetidor. La longitud máxima no debe exceder los 925 metros o 3,035 pies. Para recordar este sistema, se puede usar la regla 5-4-3:

- Cinco segmentos
- Cuatro repetidores
- Tres segmentos poblados

Topología en Estrella

En una red de topología en estrella, los ordenadores, servidores y nodos están conectados a una sola unidad central. En esta disposición de cables, las conexiones irradian desde la unidad principal, similar a la forma de una estrella. Esta unidad central se denomina comúnmente "concentrador" o "hub". El concentrador aloja un grupo de cables de red que se extienden a los nodos correspondientes. En términos técnicos, un *hub* se conoce como una "unidad de acceso multiestación" o simplemente "MAU". Aunque este término se utiliza estrictamente con las redes Token Ring.

En una red de topología en estrella hay varias opciones de tamaño de concentrador disponibles. Por ejemplo, algunos *hubs* no pueden admitir más de dos nodos, mientras que otros pueden admitir hasta noventa y seis. Por lo general, una unidad central estándar utilizada en esta red admite hasta 24 nodos. Por otro lado, ya sea que usemos un concentrador de 24 nodos o un concentrador de 96 nodos, tenemos la libertad de conectar varios nodos a un concentrador y dar forma a la red como mejor nos parezca. A continuación, se muestra una ilustración simple de una red de topología en estrella.

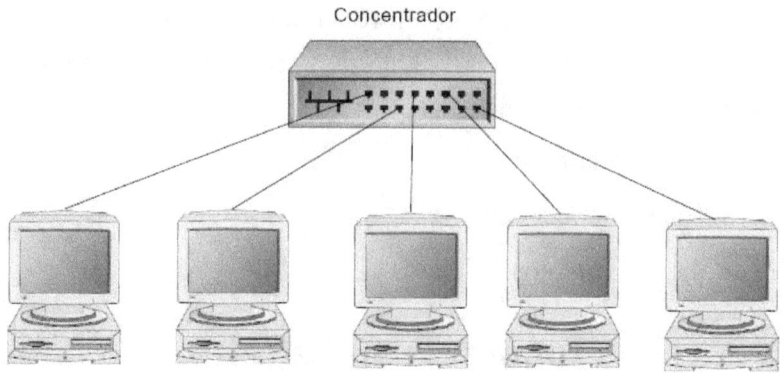

Sin embargo, recuerde que, dado que se utiliza un concentrador como unidad central, surgen complicaciones en las secciones anteriores de este capítulo. Un concentrador o *hub* hace eco del tráfico de red entre sus otros puertos. Por lo tanto, el tráfico de red de cualquier nodo se repetirá en los otros nodos. Esto significa que la conexión de ancho de banda de un nodo se comparte entre las otras conexiones de nodos. Por ejemplo, si la velocidad de ancho de banda total del concentrador es 100 Mbps, pero un único nodo está usando 50 Mbps, los otros nodos no pueden acceder al total del ancho de banda y, en su lugar, deben compartir estos 50 Mbps. Para decirlo en términos más simples, el ancho de banda total disponible para un nodo es el mismo ancho de banda compartido entre los otros nodos.

En una red de topología en estrella, hay varias conexiones Ethernet. Las enumeramos a continuación.

- **Ethernet 100Base-T** es la más usada habitualmente y ofrece un límite de ancho de banda total de hasta 100 Mbps.

- **Ethernet 10Base-T** se ve en redes más antiguas. Esta Ethernet tiene un límite de ancho de banda de hasta 10 Mbps.

- **Ethernet 1000Base-T** es un Ethernet relativamente nuevo y se conoce comúnmente como Gigabit Ethernet. Ofrece una capacidad de ancho de banda de 1000 Mbps o 1 Gbps.

- **10GBase-X** es el Ethernet más reciente. Se llama 10 Gigabit Ethernet y utiliza una conexión de cable de fibra óptica que ofrece una capacidad de ancho de banda de 10 Gbps.

Hablemos de los requisitos de cable de las conexiones de red Ethernet 10Base-T y 100Base-T.

- Ethernet 10Base-T requiere un cable de red de par trenzado de categoría 3 (Cat-3).
- Ethernet 100Base-T requiere un cable de red de par trenzado de categoría 5 (Cat-5).

Recuerde que, aunque Ethernet 10Base-T puede usar un cable de red Cat-5, Ethernet 100Base-T no puede usar cables de red Cat-3. Siempre que instale una Ethernet 10Base-T o conexiones de red más nuevas, se recomienda utilizar los cables de red más recientes. Por ejemplo, si está usando una conexión Ethernet 10Base-T, es recomendable usar un cable Cat-5E y, si el dinero no es un problema, incluso puede optar por el cable de red Cat-6.

Estas son las características de cableado que comparten las redes 10Base-T:

- Requieren cuatro cables en dos pares trenzados con revestimiento simple. Estos cables de par trenzado pueden estar apantallados o no apantallados.
- Pueden funcionar con cables de red Cat-3 y con otros más nuevos como Cat-5.
- Hay un límite de longitud para cada conexión de nodo de 100 metros, o aproximadamente 328 pies.
- No están sujetos a una limitación en el número de nodos por segmento lógico.
- Para todas sus conexiones, utilizan conectores "RJ-45".

Algunas ventajas que tienen las redes 1000Base-T sobre las redes 100Base-T son:

- Son compatibles con los cables de red Cat-5
- Operan a diez veces la velocidad de las redes 100Base-T, es decir, a 1 Gbps o 1000 Mbps en lugar de 100 Mbps

Podría decirse que una de las ventajas más importantes que tienen las redes 1000Base-T es su compatibilidad con cables Cat-5. Hoy en día, este el cable de red más utilizado en más del 75% de las redes instaladas. Si ya hay un sistema de cable Cat-5, se puede instalar una red 1000Base-T sin cambiar el sistema de cable. Esto proporciona un gran ahorro, no solo en tiempo, sino también en gastos de instalación, gastos de cableado y de mano de obra, ya que instalar una nueva red de cableado para todo un edificio es muy costoso.

A continuación, se muestran algunas características de las redes 1000Base-T:

- Estas redes necesitan ocho cables en cuatro pares trenzados de revestimiento simple.
- Requieren al menos Cat-5 o cables de red superiores (Cat-5E o Cat-6).
- El límite de longitud para cada conexión de nodo es de 100 metros o aproximadamente 328 pies.
- No están limitados en cuanto al número de nodos por segmento lógico.
- Para todas sus conexiones utilizan conectores "RJ-45".

Las redes 1000Base-T son increíblemente similares a sus predecesoras, las 100Base-T, excepto en áreas como los requisitos de cableado de red.

Las redes de topología en estrella son más caras que las redes de topología bus porque el uso de cables de red es mayor. Además, los gastos de mano de obra para instalar ese cableado son más elevados y la necesidad de enrutadores o concentradores también aumenta el coste total. Sin embargo, este costoso presupuesto no es en vano. Las topologías en estrella son más fiables y ofrecen un mejor rendimiento que las redes que utilizan una topología bus. No solo ofrecen un mayor rendimiento de ancho de banda, sino que, si las conexiones de red aisladas se rompen o fallan, las otras conexiones no se verán afectadas. Incluso, si surge un problema en una red de topología en estrella, es fácil y sencillo solucionarlo, ya que cada cable de red va directamente desde el concentrador al nodo.

Topología en anillo

A diferencia de las otras dos topologías que hemos analizado hasta ahora, que utilizan una disposición de cables de red físicos, una red de topología en anillo utiliza una disposición lógica. A efectos de configuración, en una topología en anillo, la disposición real del cable de red física es la de una topología en estrella, y cada nodo del cable está conectado a sus propias Unidades de Acceso a Medios. Aunque, a pesar de la disposición física, los cables de red se comportan eléctricamente como un anillo. Esto significa que las señales provenientes de la red viajan a través de los diferentes nodos en un anillo. A continuación, se muestra una ilustración simple de una red de topología en anillo.

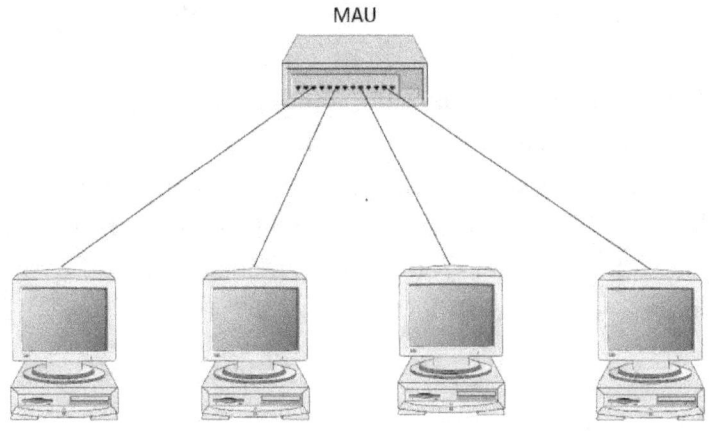

(Representación Física de una Topología en Anillo)

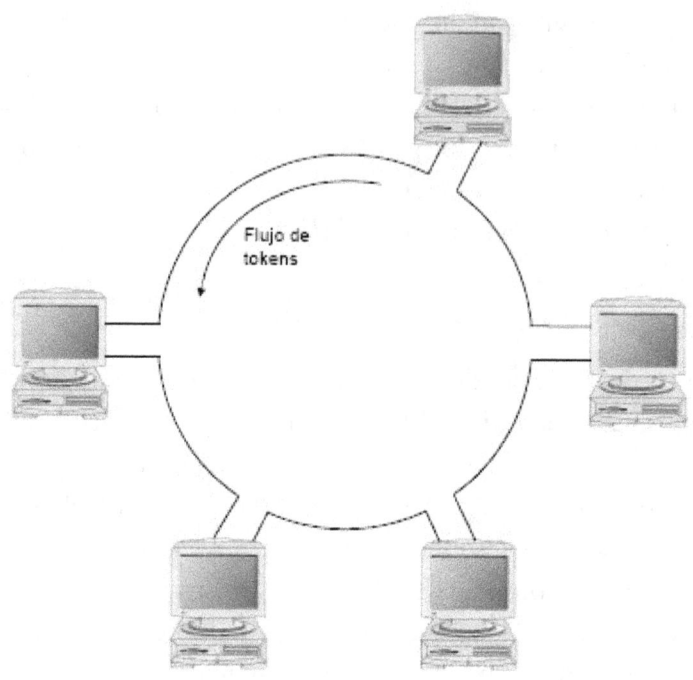

(Representación Eléctrica de una Topología en Anillo)

A diferencia de las topologías de red bus y estrella basadas en Ethernet, la topología en anillo se basa en Token Rings. A veces, una red que usa una topología en anillo también se puede ver ejecutándose en una red de fibra óptica, generalmente con una capacidad de ancho de banda de 100 Mbps, en lugar de cables de cobre. Esta red se basa en FDDI o Interfaz de datos distribuidos por fibra. El uso principal de una topología en anillo es para grandes redes de telecomunicaciones como la Red Óptica Sincrónica, también conocida como SONET. La topología en anillo también se utiliza en redes de área de almacenamiento.

Capítulo 4: Sistemas de Comunicación Inalámbrica y Conexión a Internet

¿Qué es la Comunicación Inalámbrica?

La comunicación inalámbrica rara vez requiere un medio físico o un canal para transmitir las señales. Por el contrario, permiten que las señales viajen a través del espacio y comúnmente se les llama medio de comunicación no guiado.

Conexión a Internet

En esta sección, aprenderá los fundamentos de la conectividad a Internet y sus características.

Redes de Área Amplia

Las Redes de Área Amplia o WAN son simplemente una red de Área Local con un rango más amplio. Las Redes de Área Amplia se pueden definir como múltiples Redes de Área Local interconectadas. Se prefieren las WAN cuando se requiere un enfoque mejor y de mayor alcance al que ofrece una Red de Área Local. El establecimiento de este tipo de redes se puede realizar de varias formas. Para determinar qué método adoptar al configurar una WAN, la organización o empresa debe considerar diferentes aspectos, como:

- La regularidad con la que se deben utilizar las Redes de Área Local.

- La regularidad con la que deben conectarse las Redes de Área Local entre sí.

- El "ancho de banda" o capacidad de datos requerida por la red.

- La distancia entre cada punto de la Red de Área Local.

Teniendo en cuenta estos aspectos, se puede implementar una solución adecuada para establecer una red de área amplia óptima. Por ejemplo:

1. Establecer una Red de Área Amplia mediante una línea telefónica alquilada capaz de admitir un ancho de banda de hasta 56 Kbps.

2. Establecer una Red de Área Amplia utilizando líneas DS1 específicas y capaces de soportar un ancho de banda de hasta 1.544 Mbps.

3. Establecer una Red de Área Amplia utilizando líneas DS3 específicas y capaces de admitir un ancho de banda de hasta 44,736 Mbps.

Incluso se puede establecer una Red de Área Amplia utilizando un satélite privado que, en última instancia, admitirá un ancho de banda aún mayor. Por lo tanto, para elegir la mejor opción para una conexión WAN, se recomienda primero evaluar la situación y llegar a una solución clara.

La aparición de las Redes de Área Amplia comenzó cuando los usuarios de Redes de Área Local necesitaban acceder a los recursos de otra Red de Área Local. Esto se observó con mucha frecuencia en grandes instituciones como empresas comerciales, organizaciones, hospitales, bancos, escuelas, etc.

Analicemos un breve ejemplo. Considere una gran empresa con varios edificios especializados en sus respectivas funciones. Está la sede principal de la empresa y luego están las unidades de almacén de la misma empresa, pero en una ubicación diferente. Imagine que la sede principal de la empresa alberga algunos recursos muy necesarios, como el ERP o el sistema de planificación de recursos empresariales. Para que el almacén realice correctamente su trabajo, necesita acceso a las funciones de inventario y envío proporcionadas por estos recursos. Dado que el almacén y la sede se encuentran en ubicaciones físicas diferentes, la Red de Área Local del almacén necesita acceso a la Red de Área Local de la sede. Por lo tanto, la empresa implementará una conexión de Red de Área Amplia para resolver este problema.

Generalmente, si una organización puede diseñar la infraestructura de su sistema de modo que no necesite una conexión de Red de Área Amplia, esto es lo más adecuado. La razón radica fundamentalmente en el coste requerido para mantener correctamente los enlaces de la Red de Área Amplia.

Internet e Intranet

Recordando la gran popularidad de Internet y su importancia en nuestra sociedad moderna, la productividad de cualquier empresa comercial se ve perjudicada si no utiliza Internet correctamente. Manejar y mantener la conectividad en una red es un trabajo fundamental, ya que incluso varios minutos de inactividad en Internet pueden crear un montón de problemas para la organización. Por tanto, Internet es un servicio y una característica muy importante de las redes informáticas. De hecho, en la actualidad, muy pocas personas no están familiarizadas con Internet y con su asombrosa productividad y accesibilidad. Prácticamente todas las empresas aprovechan los servicios clave de Internet, como el correo electrónico, el acceso a la World Wide Web y el uso de los grupos de noticias de Usenet.

La implementación de una conexión a Internet en una red involucra a otra entidad conocida como Proveedor de Servicios de Internet (ISP). La conexión de una persona u organización con el ISP es básicamente una conexión de red de telecomunicaciones. La conexión del ISP al cliente se establece mediante un medio físico, como una línea, y hay varios tipos de conexiones ofrecidas por los ISP según el cliente, por ejemplo:

- Línea DSL
- Línea ISDN
- Conexión DS1 fraccional/completa

Después de elegir una línea adecuada respaldada por el ISP, se instala en el domicilio designado estirando la línea hasta el edificio y conectándola a una caja especial, que se conoce como CSU/DSU (unidad de servicio de canal y unidad de servicio de datos). El propósito principal de esta caja es la conversión de datos, es decir, convertir la forma de datos que transporta la compañía telefónica local especificada en una forma utilizable por la Red de Área Local. Además, esta caja CSU/DSU se conecta a un enrutador (o un módem), que maneja el enrutamiento de paquetes de datos entre la Red de Área Local e Internet. A veces, esta caja se construye dentro del enrutador proporcionado por el ISP.

Ahora analicemos la seguridad de una conexión a Internet. Cuando un ISP "envía" una conexión de Internet a su cliente, le proporciona un enrutador durante la instalación. Los paquetes de datos que envía este enrutador se filtran automáticamente para evitar una fuga de datos.

La seguridad basada en software más generalmente adoptada por los usuarios es un "firewall". Este programa es lo que limita, de forma inteligente, cualquier conexión innecesaria a un servidor en Internet que una aplicación del ordenador pueda solicitar. También bloquea el tráfico entrante potencialmente peligroso, que generalmente proviene de un pirata informático. Por lo tanto, al usar un firewall, podemos proteger nuestros sistemas informáticos de posibles amenazas en línea mientras usamos Internet.

Hasta ahora, hemos hablado de Internet como una red interconectada de personas en todo el mundo. Ahora discutiremos algo similar a Internet, cuyo nombre es "Intranet". Suenan y funcionan de manera similar.

Mientras que Internet se centra básicamente en la conectividad externa, una Intranet es una forma de red que se centra en la conectividad interna. Por ejemplo, digamos que hay una empresa que quiere alojar una página web o incluso un servidor, solo para que accedan sus empleados. Necesita una Intranet. La empresa utilizará un servidor web principal que almacenará todos los recursos de la empresa, como documentos, manuales de empleados, facturas y todos los datos publicados regularmente dentro de la empresa para los empleados y departamentos. Por lo tanto, se convierte en una versión miniaturizada de Internet, dedicada exclusivamente a la infraestructura de red interna de la organización. Sin embargo, la funcionalidad de la Intranet no acaba aquí. Puede realizar tareas relacionadas con Internet, como proporcionar servidores de Protocolo de transferencia de archivos (FTP) y Usenet.

La organización o empresa implementa y mantiene una Intranet dentro de los límites de su propia Red de Área Local. Por lo general, no se puede acceder a una Intranet desde fuera de la LAN, pero hay casos en los que puede ocurrir un acceso no permitido.

Comprender las Características de las Redes

Hasta ahora, hemos hablado de la relación simple entre ordenadores conectados a una red (P2P y redes cliente-servidor). Ahora que el lector ha desarrollado una comprensión de cómo los ordenadores conectados interactúan entre sí, podemos analizar algunas tareas que realizan en línea. A esto se le puede llamar "características de las redes informáticas". En esta sección veremos las siguientes:

- Compartir Archivos
- Compartir Impresora
- Servicios de Aplicaciones
- E-mail
- Acceso Remoto

Compartir Archivos

En el pasado, el intercambio de archivos era la razón por la que la gente usaba redes informáticas. A mediados de la década de 1980, la capacidad de compartir archivos y datos entre ordenadores conectados a una red sin usar dispositivos de almacenamiento físico fue un negocio revolucionario. Aunque puede que no parezca mucho hoy, considere lo siguiente: para compartir un archivo o contenido multimedia con un conocido, primero tenía que almacenarlo en un medio de almacenamiento extraíble y luego llevarlo físicamente a esa persona. El intercambio de archivos era tan importante que las empresas instalaban específicamente una red informática para utilizar esta función.

El intercambio de archivos generalmente implica los archivos a los que las personas necesitan acceder con regularidad. Las hojas de cálculo y los archivos de procesamiento de texto son ejemplos comunes, aunque existen muchos otros. Para habilitar el uso compartido de archivos, el primer requisito es que los ordenadores que requieren acceso compartido estén conectados en una red.

Asimismo, debe haber una "unidad compartida" que actúe como un lugar de red para almacenar los archivos y, al mismo tiempo, permitir a los usuarios conectados acceder a estos archivos compartidos en su sistema de forma remota. Para eliminar una repercusión del intercambio de archivos, es decir, que cualquier usuario pueda modificar el contenido del archivo compartido, el sistema debe tener los privilegios de autorización adecuados; lo que significa que no todos los usuarios de una red informática tendrán derechos de administrador que les permitan cambiar los archivos o la unidad compartida. Esto también se conoce como "bloqueo de archivos". Otra razón para el bloqueo de archivos es que los múltiples usuarios que acceden a la unidad compartida o la carpeta no la modifiquen con cambios conflictivos simultáneamente.

Compartir Impresora

La función para compartir impresoras también es de gran importancia y hace que las redes de ordenadores sean aún más útiles. Como sugiere el nombre, compartir impresoras se refiere a compartir los recursos de impresión entre usuarios dentro de una red informática. Si una empresa coloca una impresora en una oficina, entonces es posible compartir la funcionalidad de esta única impresora con todos los empleados de la oficina mediante una red informática. Esto no solo es económico para la empresa, sino también para los usuarios. Dado que la oficina solo requiere una impresora, la empresa puede permitirse el lujo de ofrecer una impresora de alta calidad diseñada para manejar grandes cargas de trabajo. Al implementar una red informática, una empresa puede disfrutar de los beneficios económicos de compartir impresoras.

Ahora veremos algunos detalles de cómo funciona el uso compartido de impresoras. Aunque hay varias formas de compartirlas, el método más común es utilizar una cola de impresión que contenga las solicitudes de impresión de los usuarios en la red informática interconectada. Esta cola garantiza que la tarea de impresión en curso no se vea perturbada por otras solicitudes de impresión entrantes y que la máquina no realice las nuevas tareas de impresión hasta que se complete la tarea actual. Se recomienda este método por su eficacia.

Otra forma de compartir la impresora es permitir que las estaciones de trabajo independientes tengan acceso directo a la misma. La impresora en sí admite una configuración con la que puede conectarse a una red como lo haría una estación de trabajo normal. Si hay una gran demanda de recursos de la impresora compartida, se indica a las estaciones de trabajo independientes que se mantengan en espera hasta que sea su turno. Pero esto no es eficaz.

En el método de cola de impresión, hay un servidor especial conocido como el "servidor de impresión" que automatiza el envío de solicitudes de impresión de acuerdo con sus marcas de tiempo o urgencia. Hay varias formas de configurar un servidor de impresión:

    1. Utilizando un servidor de archivos conectado a la red de la impresora.

    2. Utilizando una estación de trabajo que ejecute un software de impresión especial y esté conectada a la red y a la impresora. De esta manera, el software se comunica con los ordenadores en la red, tomando sus solicitudes de impresión y enviándolas a la impresora a través del ordenador *host*.

Servicios de Aplicaciones

Esta característica es similar a las dos características que hemos explorado anteriormente, es decir, compartir archivos y compartir impresoras. La función de servicio de aplicaciones permite a los usuarios conectados a una red compartir aplicaciones. Por ejemplo, si una empresa invierte en un software con licencia para que lo utilicen sus empleados, puede aprovechar las redes informáticas para generar copias compartidas de la aplicación en el servidor de red para que otras personas las utilicen. El funcionamiento de esta característica es muy sencillo; una estación de trabajo conectada a una red puede acceder a la aplicación compartida, cargar los archivos de la unidad compartida en la memoria del sistema y ejecutar el programa.

Al usar esta función, la organización también puede ahorrar en almacenamiento efectivo en sus estaciones de trabajo, ya que cada usuario accederá a una carpeta centralizada en un servidor para ejecutar un programa, en lugar de instalar el mismo programa individualmente en cada estación de trabajo.

Otra forma de utilizar esta función es establecer un punto de instalación compartido en un servidor de red. Esto permite a los usuarios que deseen instalar la aplicación acceder a la configuración de instalación directamente desde la red, en lugar de descargarla o utilizar un medio de almacenamiento físico como CD, DVD, etc. Por lo tanto, el usuario puede copiar directamente el contenido de la configuración de instalación del programa en su respectiva estación de trabajo e instalar el programa como de costumbre.

E-mail

No sería exagerado considerar el correo electrónico como una de las formas de comunicación más ingeniosas, convenientes y eficientes que jamás hayan surgido. La función de correo electrónico goza de un uso generalizado en diferentes entornos, ya sea local o profesional. Por fuera parece muy simple, con un sistema de remitente y receptor. Aunque esto es lo más esencial, a continuación, exploraremos la función de correo electrónico en términos más técnicos.

Generalmente, existen dos tipos de sistemas de correo electrónico. Uno es un sistema de correo electrónico basado en archivos, mientras que el otro es un sistema de correo electrónico cliente-servidor. El sistema con el que la mayoría de la gente está familiarizada es el sistema basado en cliente-servidor, pero volveremos a eso más adelante. Primero, descubriremos cómo funciona un sistema de correo electrónico basado en archivos.

Un sistema de correo electrónico basado en archivos se compone de un servidor y un *host* de control conocido como "servidor de puerta de enlace". El servidor define una ubicación de almacenamiento que consta de archivos compartidos y debe proporcionar a los usuarios autorizados acceso a estos archivos. Sin embargo, el manejo de las solicitudes de conexión entre el servidor y un usuario externo cae bajo la jurisdicción del "servidor de puerta de enlace", que en realidad es simplemente un ordenador. Este ordenador ejecuta un software especial conocido como "software de puerta de enlace" para manejar el trabajo que debe ejecutar. La unidad del servidor y el servidor de puerta de enlace son los que conforman el sistema de correo electrónico basado en archivos.

Pero un sistema de correo electrónico basado en cliente-servidor es algo más sofisticado, elegante, poderoso y, lo más importante, seguro. Este sistema de correo electrónico también cuenta con una funcionalidad mayor; por ejemplo, las empresas pueden automatizar el sistema de correo electrónico para generar facturas y realizar compras automáticamente. Si bien, es un hecho que el mencionado sistema debe estar configurado correctamente para hacerlo. El sistema de correo electrónico cliente-servidor consta de un único servidor responsable de gestionar colectivamente las interconexiones de correo electrónico externas e internas en la red. Este sistema también aloja los mensajes. Algunos ejemplos de un sistema de correo electrónico basado en cliente-servidor son Microsoft Exchange y Lotus Notes.

Hasta ahora, hemos analizado estos dos sistemas de correo electrónico principalmente en empresas a gran escala. Sin embargo, la función de correo electrónico es igualmente importante para las empresas y organizaciones de pequeña escala, como las que tienen menos de veinticinco empleados. Para estas empresas, comprar un sistema de correo electrónico completo y mantenerlo es relativamente caro y requiere mucha mano de obra, por lo que el uso de los sistemas de correo electrónico está, generalmente, fuera de su alcance. Sin embargo, existe otra alternativa viable para tales casos.

Esto incluye el uso de un sistema de correo electrónico que no esté alojado y mantenido principalmente dentro de la propia organización. Por ejemplo:

- Configurar una conexión compartida con Internet para que todos los empleados que utilizan una estación de trabajo puedan acceder a ella. A continuación, solo tenemos que configurar las cuentas de correo electrónico correspondientes para los usuarios, ya sea a través del ISP o simplemente utilizar un servicio de correo electrónico gratuito y popular como Yahoo!, Hotmail, Gmail, etc.

- Utilizar "Microsoft Windows Small Business Server 2008" como el sistema operativo específico para todas las estaciones de trabajo. Este sistema operativo incluye herramientas útiles basadas en servidor que pueden facilitar la configuración de un sistema de correo electrónico. Lo mejor de todo es que el sistema operativo se incluye de forma nativa con una versión limitada del software "Exchange Server" que se puede utilizar.

- Suscribirse a un buzón de correo de un proveedor de servicios de correo electrónico con altas especificaciones. Las empresas que optan por este enfoque, generalmente, solo tienen que pagar una tarifa mensual que corresponde a la cantidad de buzones de correo que utilicen.

Acceso Remoto

Otra característica beneficiosa de las redes de ordenadores es brindar a los usuarios la capacidad de acceder de forma remota a los recursos de su red específica. La razón por la que esta función es tan importante es que permite a los usuarios superar las limitaciones físicas de una red, lo que significa que no necesitan estar en la oficina o en el edificio donde se encuentra la red. Pueden acceder de forma remota a sus archivos o correos electrónicos, incluso cuando están trabajando fuera de la oficina, como en sus hogares o en un hotel.

Aunque el acceso remoto no es una característica sencilla, se puede ofrecer en una variedad de formas. La lista que se muestra a continuación describe varios métodos que pueden servir para configurar y utilizar esta función:

- Usar el sistema operativo Microsoft Windows Server para establecer una conexión RAS (Servicio de acceso remoto). Esta conexión abarca desde una configuración simple, que consta de un solo módem, hasta un sistema ampliado, que involucra varios módems.

- Usar un sistema de acceso remoto configurado exclusivamente para realizar esta función. Tal sistema puede manejar múltiples conexiones simultáneas a la vez, lo que significa que varios ordenadores se pueden conectar fácilmente. Cada ordenador que esté conectado al sistema de acceso remoto usará su propia tarjeta de red.

- Configurar una estación de trabajo con un software de acceso remoto específico (por ejemplo, pcAnywhere y GoToMyPC) a través del cual, los usuarios que deseen utilizar la función de acceso remoto, puedan conectarse.

- Establecer una conexión empresarial a Internet. En este caso, los empleados pueden utilizar la conexión a Internet para acceder a los recursos disponibles en el sistema de red de la empresa. Para asegurar este acceso remoto, la empresa suele implementar una conexión de red privada virtual (VPN).

- Usar una estación de trabajo que ejecute el sistema operativo Windows Server como servidor de conexión. Esto se puede hacer instalando software como Windows Terminal Services. De esta manera, la estación de trabajo será capaz de albergar varias sesiones de cliente, lo que permitirá que varios usuarios obtengan acceso remoto.

Capítulo 5: Puertos y Protocolos de Red Comunes

En el capítulo anterior cubrimos más de la mitad de los temas del contenido de este libro. Ahora es el turno de repasar brevemente y comprender algunos de los protocolos más comunes que encontramos en las redes. Los protocolos de red son bastante complejos. Por ello, reservaremos los detalles más difíciles para la próxima serie de este libro y nos centraremos en los fundamentos para construir una base conceptual básica.

En esta parte del libro nos centraremos principalmente en:

- TCP/IP y Puertos UDP

- Otros protocolos de red, como DNS, DHCP, HTTP, FTP, etc.

TCP/IP y UDP

TCP e IP son dos protocolos que se utilizan a la vez, en armonía entre sí. Las características de cada protocolo son:

1. **TCP:** También conocido como "Protocolo de control de transmisión". TCP opera en la capa de transporte del modelo OSI y, principalmente, se ocupa de gestionar la conexión entre los ordenadores en una red. En un protocolo TCP, los mensajes están "encapsulados" en datagramas IP.

2. **IP:** También conocido como "Protocolo de Internet". IP opera en la tercera capa del modelo de red OSI, es decir, la capa de red. La función principal de este protocolo es definir la forma en que los datos de la red deben dirigirse, desde su origen hasta su destino. IP también define la secuencia en la que los datos deben volver a ensamblarse cuando llegan a su destino.

UDP se conoce como "Protocolo de datagramas de usuario" y básicamente tiene el mismo trabajo que los protocolos TCP/IP, con el único inconveniente de que ofrece funciones limitadas, en comparación con sus compañeros de lista. Aunque los datagramas IP también integran el protocolo UDP, este solo tiene una misión confiada, y es que UDP reenviará los paquetes de datos que no llegaron al destino.

La única ventaja que tiene UDP sobre TCP/IP es que es significativamente más rápido. Sin embargo, ofrece poca capacidad de corrección y verificación de errores. Por lo tanto, UDP es más adecuado para tareas de comunicación de red triviales. Dado que el protocolo UDP no busca errores y simplemente reenvía los datos cuando surge algún error, solo debe usarse para la comunicación de red cuando las características de confiabilidad no son importantes. También puede usarse si la aplicación involucrada en la comunicación de red ofrece su propio manejo de errores y comprobación.

Ya se explicaron los otros protocolos de red en el capítulo 2. Recuerde que son los siguientes:

Sistema de Nombres de Dominio (DNS), que permite a los usuarios acceder a las páginas web con nombres de dominio fáciles de recordar, en lugar de largas direcciones IP numéricas.

Protocolo de Configuración Dinámica de Host (DHCP), para asignar direcciones TCP/IP a los nodos de una red.

Protocolo de Transferencia de Hipertexto (HTTP), que controla la transferencia de datos entre el cliente y el servidor web.

Protocolo de Transferencia de Archivos (FTP), que define el método mediante el cual se envían y reciben los datos del archivo entre el cliente FTP y el servidor FTP.

Protocolo de Transferencia de Noticias por Red (NNTP), utilizado particularmente por los grupos de discusión de Usenet en Internet.

Protocolo simple de transferencia de correo (SMTP), que gestiona el envío y la recepción de correos electrónicos de un servidor de correo electrónico a otro.

Capítulo 6: El Modelo de Redes OSI

La clave fundamental y más importante para comprender las redes informáticas es entender los conceptos del modelo de redes OSI. Aquí es donde comienzan todos los principiantes en tecnologías de la información. El modelo OSI, junto con los protocolos, define la mayoría de los métodos a través de los cuales las computadoras se conectan y se comunican entre sí en una red. Al comprender este modelo de redes, el lector debe entender totalmente las visualizaciones abstractas, ya que esto ayudará a crear una base sólida para el diseño de redes y la ingeniería de soluciones de redes.

El modelo OSI es un retrato preciso y fundamental de cómo funcionan efectivamente las redes en el mundo real. Aunque existen algunas diferencias sutiles entre las teorías y la implementación práctica de la red, la comprensión de este modelo no es algo que uno deba ignorar.

Al asimilar el modelo OSI, estaremos aprendiendo sobre las complejidades de las redes de ordenadores, y el lector podrá finalmente visualizar dicho proceso. Y esta comprensión es la clave del éxito en el campo práctico de la creación de redes. La base de un profesional de redes certificado es tener un conocimiento experto y completo del modelo de redes OSI en sí mismo.

Ya hemos hablado bastante de la importancia del modelo OSI, ahora hablemos de qué se trata. Como sugiere el nombre, el modelo de red OSI es simplemente un marco que define las operaciones y el funcionamiento de las redes modernas. El modelo se divide en siete capas distintas y separadas. Cada capa posee un rasgo conocido como "dependencia sucesiva". Esto significa que las capas superiores del modelo dependen, en gran medida, de las funcionalidades que ofrecen las capas precedentes.

Para entender esto mejor, usemos una analogía. Piense en un sistema de ordenador estándar de escritorio, que normalmente encontraría en su hogar. Los diferentes componentes de este ordenador trabajan juntos, lo que hace que el ordenador en sí sea funcional. Si dividimos dicho ordenador en capas, como en el modelo de red OSI, podemos decir que el componente de hardware se denominará como la "capa más baja". La capa que sucede a la "capa de hardware" sería el sistema operativo junto con los respectivos controladores del sistema. Es obvio que el sistema operativo y los controladores respectivos serían inútiles sin el hardware correspondiente. Por lo tanto, esta capa superior depende de la capa inferior anterior para realizar su función correctamente. De manera similar, esta jerarquía sucesiva se extiende hasta el punto en que una aplicación muestra datos útiles y asimilables al usuario.

Las siete capas del modelo de red OSI son:

    8. Capa física

    9. Capa de vínculo de datos

    10. Capa de red

    11. Capa de transporte

    12. Capa de sesión

    13. Capa de presentación

14. Capa de aplicación

La figura a continuación muestra las capas del modelo OSI en su forma más básica.

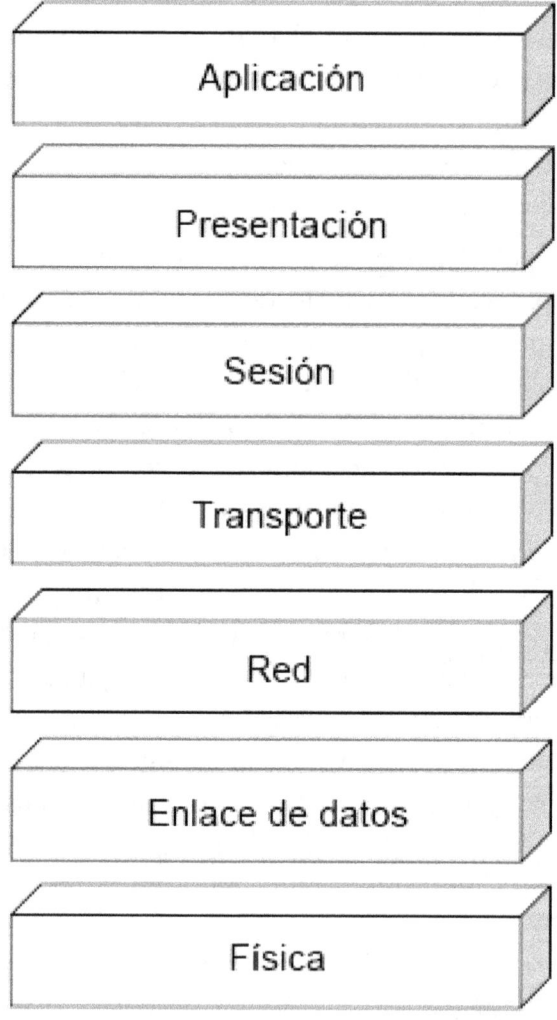

(Capas 1 (Física) a 7 (Aplicación) en el modelo OSI)

Capa 1: La Capa Física

La primera capa del modelo de red OSI es la capa física. Esta capa define, esencialmente, las características de las partes físicas utilizadas en una conexión de red estándar. Por ejemplo, especifica el cable de red, el enrutador, la caja DSI / CSU y otros medios físicos involucrados.

El cable de red transmite el flujo de paquetes de datos (en bits) de un nodo a otro en la red física. Analicemos ahora esta conexión física con un poco más de atención. La conexión de red establecida a través de este cable puede ser en cualquiera de estas dos formas:

- "De punto-a-punto", una conexión de red establecida entre dos puntos.

- "Multipunto", una conexión de red establecida entre varios puntos. Por ejemplo, un solo punto que se conecta a diferentes puntos.

La dirección de transmisión también es un criterio importante en la creación de redes. Esta dirección dicta el orden de transmisión de los datos. Es decir, un paquete de datos puede transmitirse en una dirección cada vez, a través de la red. El remitente transmite los datos y, solo después de haberlos recibido, el receptor puede transmitir paquetes de datos al remitente. Por lo tanto, la transmisión de datos ocurre en direcciones opuestas por turnos. De manera similar, en otro tipo de transmisión de datos en la red, tanto el emisor como el receptor pueden enviar y recibir datos simultáneamente (la transmisión de datos ocurre en ambas direcciones simultáneamente). Estos dos tipos de transmisión de datos se denominan:

1. **Half-Duplex**: los datos se pueden transmitir solo en una dirección a la vez.

2. **Full-Duplex**; los datos se pueden enviar y recibir en ambas direcciones simultáneamente.

La capa física también se encarga de determinar el método de transmisión de los bits en la red. La transmisión de bits en una conexión de red se puede realizar de dos formas, en **serie** o en **paralelo**. Generalmente, la mayoría de las conexiones de red transmiten datos en serie, pero el modelo de red OSI también tiene en cuenta la transmisión paralela de bits.

Para aclarar aún más las características de la capa física, aquí se recoge una pequeña lista de diferentes métricas que generalmente entran en la categoría de esta capa.

- El cable de red utilizado
- El voltaje que transporta el cable de red
- La medida de la sincronización de la señal eléctrica
- La distancia a través de la cual el cable de red admite una transmisión de datos óptima

Capa 2: Capa de Vínculo de Datos

La segunda capa del modelo de red OSI es la capa de enlace o vínculo de datos. Esta capa define los valores que dan significado a los paquetes de datos o bits que se transmiten y reciben por la capa física. La capa de vínculo de datos del modelo OSI une la conexión entre la tercera capa (capa de red) y la primera capa (capa física), definiendo e implementando un protocolo confiable a través del cual la capa de red transmite sus datos (mediante la capa física).

El propósito principal de la capa de vínculo de datos en el modelo OSI (además de vincular la primera y la tercera capa) es realizar una función de revisión de datos. Esta es una forma informal de describir el trabajo secundario que realiza dicha capa. De acuerdo con los estándares técnicos, la capa de enlace de datos realiza la detección y corrección de errores dentro de los flujos de datos salientes. De esta manera, la red garantiza un flujo de datos confiable y sin errores. Además, la capa de enlace de datos presenta un término conocido como "marcos" que se refiere a los elementos de datos que transporta. Hay varios marcos y algunos de los más utilizados son:

- X.25
- 802.x (incluye redes Ethernet y Token Ring)

En el modelo de red OSI, la capa de vínculo de datos se divide en dos subcapas. Estas dos subcapas son:

1. **Control de Enlace Lógico** (Logical Link Control o LLC)

2. **Control de Acceso al Medio** (Media Access Control o MAC)

De esta forma, las dos subcapas realizan conjuntamente la función principal de la capa de enlace de datos. Esto se traduce en que cada una de las dos subcapas realiza individualmente (por separado) tareas asociadas con la funcionalidad de la capa de vínculo de datos.

La subcapa LLC establece el enlace y lo controla, es decir, se ocupa del establecimiento y la finalización de la llamada, junto con la transferencia de datos. Debido a esto, el modelo OSI es compatible con redes de telecomunicaciones y LAN.

La subcapa MAC, o de control de acceso al medio, maneja la unión y separación de tramas en la red. Se ocupa del direccionamiento, detección y corrección de errores.

Estas funciones enumeradas anteriormente son las que conforman y definen a la capa de vínculo de datos.

A continuación, se detalla una lista de algunos de los protocolos MAC más comunes en la segunda capa del modelo de red OSI:

1. 802.3 protocolo Ethernet
2. 802.5 protocolo Token Ring
3. 802.12 protocolo 100Base-VBG
4. 802.11 protocolo Inalámbrico
5. 802.7 protocolo de Banda Ancha

De entre todos estos protocolos MAC, los protocolos Ethernet y Token Ring son los más comunes en las redes de ordenadores.

Capa 3: Capa de Red

La tercera capa del modelo de red OSI es la capa de red. Esta es la capa donde se realizan la mayoría de las funciones más importantes en relación con la red.

Podemos encontrar varias funciones involucradas en esta capa, pero nos centraremos en los aspectos principales, los que tienen un impacto significativo en el funcionamiento de la red. Generalmente, la capa de red determina el camino o la ruta por la cual el paquete de datos viajará desde un nodo de origen a un nodo de destino en otra red. El trabajo fundamental de la capa de red es definir dicha ruta de una red a otra.

En cuanto a los protocolos utilizados en la capa de red, existen varios, pero los más importantes son:

- Protocolo de Internet (Internet Protocol o IP)

- Protocolo de Intercambio de Internet (Internet Exchange Protocol o IPX)

Estos protocolos contienen información que detalla el enrutamiento de origen y destino de los paquetes de datos. Por lo tanto, cada paquete de datos, al utilizarlos, puede indicarle a la red su destino basándose en la información de enrutamiento del protocolo. Una vez que el paquete de datos llega a su destino, el protocolo también ayuda al ordenador receptor a identificar la fuente de origen del paquete de datos.

La capa de red tiene una gran importancia para definir la transmisión de paquetes de datos desde una configuración de enrutador único o múltiple.

Antes de discutir más detalles sobre esta capa, vamos a concretar el trabajo de los dispositivos de enrutador. Un enrutador es simplemente una pieza de hardware diseñada para:

- Examinar cada paquete de datos

- Transmitir los paquetes de datos a su destino mediante el análisis de la información sobre la dirección de origen y destino

Internet es una red compleja y un paquete de datos que se transmite a través de Internet debe pasar a través de varios enrutadores para poder llegar a su destino. Pero en una red comparativamente más simple y más pequeña, el mismo paquete de datos necesitará atravesar solo unos pocos enrutadores (o ninguno) para alcanzar su destino.

Al analizar la capa de red un poco más en profundidad, podemos llegar a una conclusión interesante. Si la capa de red está separada de la primera capa (física) y la segunda (enlace de datos), nos damos cuenta de que sus protocolos pueden funcionar independientemente de estas dos capas inferiores. Para explicarlo de una forma sencilla, podemos usar los protocolos de esta capa en cualquier variación y usarla de manera efectiva con las capas inferiores sin tener que establecer una cadena de independencia. Por ejemplo, si los ordenadores comparten algo en común con respecto a las dos primeras capas, el protocolo IP y los protocolos IPX pueden establecer una red entre estos dos ordenadores. Si tomamos este concepto y lo aplicamos a un escenario del mundo real, se traduce en que un paquete de datos que usa el protocolo IP puede transmitirse a través de Ethernet, Token Ring o incluso un cable que conecte los ordenadores. Lo mismo se aplica a los paquetes de datos que utilizan el protocolo IPX, con el requisito imprescindible de que los ordenadores soporten dicho protocolo y compartan elementos similares en cuanto a las capas del nivel inferior. En tal escenario se puede establecer una conexión de red.

Capa 4: Capa de Transporte

La principal ocupación de la capa de transporte es mediar el movimiento de datos entre las diferentes capas. Para este propósito, la capa de transporte oculta las características de las capas inferiores a las capas superiores en el modelo OSI. Además de esto, las principales funciones de la capa de transporte incluyen:

- **Control de Flujo:** dirige la transmisión de datos entre el dispositivo emisor y el dispositivo receptor y gestiona la afluencia de datos que experimenta el dispositivo receptor. La capa de transporte se asegura de que el dispositivo receptor no acumule más datos de los que puede procesar.

- **Multiplexación:** divide un canal físico en múltiples canales lógicos, lo que hace posible que varios dispositivos o aplicaciones transmitan datos a través de un canal físico (o enlace).

- **Gestión de circuitos virtuales:** esta función se ocupa de establecer, mantener y terminar los circuitos virtuales en una red.

- **Comprobación y recuperación de errores:** incorpora las aplicaciones de múltiples mecanismos para lograr identificar errores de transmisión de datos e intentar subsanarlos. Por ejemplo, emitiendo una solicitud al dispositivo transmisor para reenviar o retransmitir los datos.

El propósito y la funcionalidad principal de la capa de transporte es, esencialmente, manejar el flujo de información que fluye de un nodo a otro nodo en una red.

A diferencia del resto de capas que hemos comentado hasta ahora, la implementación de la capa de transporte se realiza de forma diferente para cada sistema operativo.

La capa de transporte presenta una serie de protocolos importantes, de los cuales, los dos posteriores se utilizan en conexión con paquetes de datos IP e IPX, respectivamente.

1. Protocolo de control de transmisión (TCP); utilizado con el Protocolo de Internet (IP)

2. Intercambio de paquetes secuenciado (SPX); utilizado con el Protocolo de Intercambio de Internet (IPX)

Capa 5: Capa de Sesión

La quinta capa del modelo de red OSI es la capa de sesión. Mediante esta capa, el modelo puede definir la conexión establecida entre dos ordenadores, ya sea en una conexión cliente-servidor o en una relación de conexión "peer-t0-peer". El término "sesión" se utiliza para describir una conexión de red virtual entre ordenadores. Dado que el enfoque principal de la quinta capa del modelo OSI está en estas conexiones, se le denomina "Capa de sesión". La razón por la que el establecimiento de una conexión de red entre dos ordenadores se conoce como "sesión" es que una vez que la conexión se ha establecido, persiste durante un cierto período.

Una sesión básicamente implica negociaciones que tienen lugar entre el cliente conectado y el anfitrión. Los puntos de enfoque en la negociación se enumeran a continuación.

- Control de Flujo
- Proceso de Transacción
- Transferencia de Información de Usuario
- Autenticación de Red

Capa 6: Capa de Presentación

Una de las capas de nivel superior, la capa de presentación, se ocupa principalmente de presentar los datos en una forma que el sistema pueda comprender. La capa de presentación del modelo de red OSI recopila todos los datos suministrados por las capas de nivel inferior para, seguidamente, convertirlos en un formato que el sistema pueda utilizar. Aunque el nombre "Presentación" puede ser confuso, la entrega de datos para que el sistema los entienda fácilmente es tan importante como el sistema que presenta los datos para que el usuario los entienda fácilmente.

La capa de presentación realiza estas funciones:

1. Compresión de datos
2. Descompresión de datos
3. Encriptado de datos
4. Desencriptado de datos

De lo dicho anteriormente podemos deducir que la principal ocupación de la capa de presentación son los datos.

Capa 7: Capa de Aplicación

La última y más alta capa del modelo de red OSI es la capa de aplicación. Si analizamos la naturaleza de la interacción de cada capa con sus respectivos elementos en una red, podemos ver un patrón constante. Las capas en el modelo de red OSI comienzan su interacción con los elementos físicos dentro de una red, es decir, los enrutadores, cables de red, etc. A partir de aquí, las capas se mueven hacia la interacción con características y elementos virtuales, es decir, hacia aspectos inteligentes de la red. Después de esto, el enfoque del modelo OSI en los aspectos virtuales de la red se desplaza hacia la participación de la propia máquina dentro de la red, lo cual es evidente en las dos últimas capas (capas de Presentación y Aplicación).

Continuando con esta línea de pensamiento, podemos llegar a comprender el propósito de la capa de aplicación en el modelo de red OSI y el funcionamiento general de una red que involucra ordenadores. Al hacer esto, podemos analizar las redes de una manera más detallada y completa.

Ahora veamos de qué se trata la capa de aplicación. La principal ocupación de la capa de aplicación es controlar y mediar la interacción de la red con el sistema operativo y las aplicaciones instaladas en este sistema operativo. Define cómo las aplicaciones manejan la comunicación en la que se involucra el sistema cuando se conecta a una red.

Algunos ejemplos de software que se incluyen en la definición de la capa de aplicación incluyen:

- Cliente Windows para Microsoft Networks
- Cliente Windows para Novell Networks

Este software se utiliza normalmente como una aplicación cliente de red en redes informáticas.

Sin embargo, los datos no pasan por el modelo de red OSI en una sola dirección. Pueden subir a través del modelo cuando el ordenador está en el extremo receptor de la red, y pueden bajar cuando el ordenador se encuentra transmitiendo datos a través de la red.

Capítulo 7: Seguridad de Red, Ciberseguridad y Métodos de Piratería

Este capítulo se centra en los conceptos básicos de seguridad y recuperación de la red.

¿Qué Papel Juega la Seguridad de la Red?

La seguridad interna hace posible que una persona proteja su red de las amenazas internas, que son más comunes que las externas.

La seguridad de una red se ve amenazada por los usuarios internos de estas formas:

- Accediendo a registros de nómina y contabilidad, datos de desarrollo comercial y otra información similar de manera ilegal o inapropiada.

- Obteniendo acceso al archivo de otro usuario, que debería haber sido inaccesible para personas ajenas a este.

- Haciéndose pasar por otro usuario, enviando correos electrónicos bajo su nombre para causar daños.

- Ingresando a los sistemas y realizando actividades delictivas que incluyen la malversación de fondos.

- Dejando entrar virus en el sistema, por accidente o deliberadamente.

- Descubriendo las cuentas de usuario y sus contraseñas, ayudado por el rastreo de paquetes.

Se debe tratar de eliminar las amenazas internas de la red mediante una gestión diligente de su seguridad. Entre los muchos usuarios internos, algunos pueden tener la capacidad de perpetrar la seguridad de la red, y algunos de estos usuarios incluso podrían intentar hacerlo.

Seguridad de la Cuenta

En Seguridad de cuentas se realizan diversas tareas para gestionar las cuentas de usuario habilitadas en la red. Para asegurarse de que no existan cabos sueltos, las cuentas deben auditarse frecuentemente por el administrador de las mismas y por otra persona adicional.

La gestión de la seguridad general de la cuenta requiere estos pasos:

- La cuenta de usuario de inicio, denominada "Invitado" en la mayoría de los sistemas operativos de red, debe eliminarse de inmediato. Las cuentas utilizadas para las pruebas, como "Prueba", "Genérica", etc., no deben crearse porque estas cuentas son objetivos fáciles y frecuentes de los atacantes.

- El sistema operativo de la red asigna un nombre predeterminado a la cuenta administrativa. Puede llamarse Administrador en sistemas Windows y Supervisor/Administrador en NetWare. Cambie este nombre pronto para evitar los ataques dirigidos contra la cuenta.

- Saber cómo eliminar el acceso a los recursos de red desde cualquier cuenta de usuario y verificar los recursos de red que contienen sus sistemas de seguridad. Por ejemplo, los sistemas operativos de red y las aplicaciones específicas, como los servidores de bases de datos o los sistemas de contabilidad, se encargan de la gestión de las cuentas de los usuarios. Algunos sistemas no niegan el acceso a cuentas desactivadas o eliminadas, a menos que cierren la sesión del sistema, lo que puede amenazar la seguridad. Es necesario descubrir cómo gestiona el sistema las cuentas eliminadas.

- Establecer una relación de confianza mutua y trabajar en estrecha colaboración con las personas adecuadas en el departamento de Recursos Humanos (RR.HH.) es esencial para mantener la seguridad necesaria. Al cooperar con el personal de recursos humanos, podría trabajar en los problemas de seguridad relacionados con los empleados salientes y hacer una lista de control para los cambios de empleo que afectan a tecnologías informáticas. Es posible que el departamento de recursos humanos no le proporcione avisos por adelantado, pero debe conocer las salidas de empleados de inmediato para tomar las medidas adecuadas a tiempo.

- Intente proporcionar a los nuevos usuarios un programa en el que puedan enviar sus permisos asignados y que su supervisor los revise y apruebe. Este paso elimina cualquier posibilidad de que estos usuarios obtengan acceso a información confidencial.

Seguridad de la Contraseña

La seguridad de la contraseña es un aspecto importante de la seguridad de la cuenta, que le permite establecer políticas que controlen el período de tiempo dentro del cual el sistema obliga al usuario a cambiar sus contraseñas, la complejidad y longitud de estas contraseñas y si las contraseñas antiguas se pueden reutilizar. Las políticas de seguridad de contraseñas deben incluir al menos estas sugerencias:

• Asegúrese de que los usuarios cambian sus contraseñas de red cada noventa a ciento ochenta días a través de la configuración de la política de contraseñas de red. Aunque se recomiendan treinta días, puede considerarse demasiado frecuente para algunos entornos.

• La "política de reutilización" debería evitar que los usuarios reutilicen una contraseña anterior durante al menos un año.

• Establezca el requisito de que las contraseñas tengan al menos ocho caracteres. Si la contraseña que se establece no distingue entre mayúsculas y minúsculas y no permite el uso de caracteres especiales, las posibles variaciones de dicha contraseña son casi 368 (tres billones). Para las contraseñas que distinguen entre mayúsculas y minúsculas, las posibilidades aumentan hasta 628 (218 billones). Si en las contraseñas se pueden utilizar caracteres especiales como espacio, coma, asterisco, punto, etc., las posibles variaciones aumentan aún más.

• Se debe animar a los usuarios a usar contraseñas que no signifiquen una palabra en ningún idioma o que, al menos, inserten números y otros caracteres no alfanuméricos entre las letras de la palabra. De esta forma, un ataque de diccionario iniciado por programas de descifrado de contraseñas fallará. Los caracteres de mayúsculas y minúsculas deben usarse siempre que la red admita contraseñas de mayúsculas y minúsculas.

• Se deben activar las políticas que observan y detectan numerosos intentos de contraseña incorrectos. Esta política a menudo se denomina detección de intrusos. Controla si se han producido demasiados intentos incorrectos de ingresar la contraseña en un período de tiempo determinado y evita nuevos intentos, bloqueando la cuenta. La cuenta bloqueada solo se puede volver a abrir hablando con el administrador para restablecer la cuenta. Este caso, generalmente, se da cuando las personas olvidan sus contraseñas, pero esta política mantiene bajo control cualquier intento malicioso de adivinar la contraseña y obtener acceso a la cuenta.

• Los servidores Novell NetWare y Windows pueden establecer límites en la cantidad de tiempo que un usuario puede iniciar sesión en la red y restringir a determinados usuarios a determinados equipos de la red. Imponer estos límites a todos los usuarios sería demasiado excesivo, no obstante, es esencial restringir la cuenta administrativa al menor número posible de estaciones de trabajo diferentes.

De acuerdo con el Catch-22 de las políticas de seguridad de la red, hacer que las políticas sean demasiado estrictas puede reducir la seguridad de la red. Por ejemplo, si las políticas de seguridad de las contraseñas requieren que el usuario use una contraseña de 12 caracteres, la cambie una vez a la semana y no pueda reutilizar una contraseña anterior, la mayoría de los usuarios no podrán recordar las contraseñas cambiantes. Lo anotarán en algún lugar de la oficina, con el riesgo de que lo descubran. Para fortalecer la seguridad de la red, se debe mantener un equilibrio entre seguridad y usabilidad.

Permisos de Archivos y Directorios

La seguridad interna también implica el mantenimiento y control del acceso de los usuarios a archivos y directorios. La configuración relacionada con esta seguridad es más difícil que administrar las cuentas de usuario porque cada usuario de la red tiene al menos 20 directorios y cientos de archivos, y administrar esta cantidad es complicado. Para facilitar esta tarea, la clave es seguir los procedimientos regulares y realizar auditorías periódicas de determinadas partes del árbol del directorio que contienen información confidencial. Al estructurar eficazmente los directorios generales de la red, se les pueden asignar permisos a los niveles superiores que "fluirán hacia abajo" automáticamente y facilitarán la identificación de los usuarios que tienen acceso a directorios específicos.

La configuración relacionada con la asignación de permisos en archivos y directorios es bastante flexible en los sistemas operativos de red. Se pueden habilitar varios tipos de roles para diferentes usuarios a través de permisos integrados. Los roles que se mencionan a continuación describen la capacidad autorizada de lo que el usuario puede hacer en el directorio:

- **Solo Crear:** Esta función le da al usuario la capacidad de crear y agregar nuevos archivos al directorio y evita que el usuario acceda, modifique o elimine archivos que ya existían, incluidos aquellos que creó. Con la ayuda de esta función, los usuarios obtienen permiso para incluir nueva información en un directorio al que no deberían tener acceso de otra manera. Esta función hace que el directorio funcione como un buzón de correo en el que solo se pueden colocar cosas nuevas y solo otra persona tendrá acceso completo al contenido.

- **Solo Lectura:** Esta función permite a los usuarios ver los archivos en el directorio. La función de solo lectura permite a estos usuarios ver y leer la información de los archivos, sin realizar ningún tipo de cambio. Los usuarios pueden copiar dichos archivos a través del privilegio de lectura en otra ubicación o directorio, lo que les permite realizar cambios.

- **Cambio:** Esta característica le da al usuario bastantes privilegios en cuantos a los archivos en el directorio.

- **Control Total:** Esta función está limitada al propietario del directorio, el cual puede realizar cualquier alteración en los archivos y también puede otorgar acceso a cualquier otro usuario que desee.

Estas características se diseñan de forma diferente para cada sistema operativo de red.

La seguridad para archivos específicos también se puede configurar de forma similar a la configuración de permisos para directorios. Los permisos asignados, tanto en archivos como en directorios, tienen un funcionamiento similar. La capacidad de un usuario para leer, modificar o eliminar un archivo se puede controlar para archivos específicos, y los permisos de archivos generalmente anulan los permisos de directorio. Este concepto se puede entender considerando que un usuario tiene acceso para cambiar los archivos en el directorio. Aun así, una vez que el permiso se establece como de solo lectura para los archivos en ese directorio, el usuario asolo podrá acceder a dicha función.

Prácticas y Educación del Usuario

Las personas que utilizan la red son parte del motivo de la inseguridad y las amenazas internas. Para asegurarse de que la red permanezca segura y protegida a pesar de las amenazas, es esencial desarrollar prácticas y hábitos de seguridad efectivos.

Además de desarrollar e implementar una buena práctica o esquema de seguridad, también es imperativo administrarlo regularmente, estableciendo un proceso para asegurar que los empleados sigan los procedimientos diariamente. Un procedimiento simple y comprensible de fácil seguimiento es mucho mejor que el procedimiento excelente y complejo mal seguido. Por lo tanto, el diseño general de la seguridad de la red debe simplificarse y al mismo tiempo mantenerse en consonancia con las necesidades de la empresa.

Se debe posibilitar que todos los usuarios sigan procedimientos prudentes. Estos procedimientos se pueden aplicar personalizando la configuración disponible en el sistema operativo de la red, pero también es necesaria la educación de los empleados sobre la importancia de la seguridad interna. Para ello se recomienda seguir las siguientes pautas:

- Informar a los usuarios de las condiciones básicas que deben seguir en relación con la seguridad de la red y proporcionarles un documento que contenga los detalles de la seguridad y su papel para preservarla. Las pautas en el documento para el usuario podrían ser: elegir una contraseña segura y no divulgarla, tener cuidado de no dejar sus ordenadores conectados a la red desatendidos durante mucho tiempo y no instalar software de ningún otro lugar que no sea la empresa.

- Hablar sobre los problemas de seguridad de la red con los empleados recientes.

- Examine la cultura de la empresa y, en función de ella, considere hacer que los usuarios firmen un formulario que reconozca la comprensión de los procedimientos de seguridad que deben seguir.

- La auditoría de las acciones de los usuarios relacionadas con la seguridad debe realizarse a ciertos intervalos y, si algunos tienen acceso de control total al directorio, controle cómo asignan permisos a otros usuarios.

- Revise los registros de seguridad en el sistema operativo de la red de vez en cuando y, si ocurre algún problema, investíguelo correctamente.

Los procedimientos de seguridad de la red se diseñan e implementan teniendo en cuenta el peor de los casos. Aun así, la mayoría de las veces, los problemas de seguridad ocurren debido a un error inocente o ignorancia en lugar de una intención maliciosa.

Conocer las Amenazas Externas

La seguridad externa se ocupa de proteger el sistema de red de amenazas externas. Antes de que Internet entrara en uso, los procedimientos relacionados con la seguridad externa eran fáciles de administrar porque las redes usaban solo módems externos para conectarse a la red. Pero la conectividad a Internet extendida por todo el sistema aumenta la importancia de la seguridad externa y también la dificultad para administrarla.

Mientras la red esté conectada a Internet, nunca podrá ser segura. Las técnicas que desarrollan los *crackers* para superar la seguridad de una red se implementan a través de Internet. Las amenazas externas que enfrenta una red se desarrollan tan rápidamente que, si se escribiera un libro sobre todas las amenazas actuales para una red, estaría desactualizado desde el mismo momento de su impresión.

Las tres amenazas de seguridad externas básicas son:

- **Amenazas de puerta principal:** Si una persona externa inicia sesión en la red adivinando o descifrando la contraseña de uno de los usuarios internos, surgen amenazas a la seguridad del sistema denominadas amenazas de puerta principal. En este caso, puede que el intruso haya conseguido perpetrar la red debido a tener una conexión con la empresa o una relación personal con alguien que usa la red.

- **Amenazas de puerta trasera:** Surgirán amenazas de puerta trasera si hay errores en el software o hardware del sistema operativo de la red. Los *crackers* se aprovechan de estos errores y violan la seguridad de la red a través de ellos, para luego dirigirse hacia la cuenta administrativa y finalmente tomar el control del sistema. Estas amenazas también pueden surgir si los errores se programan intencionalmente en el software del sistema.

- **Denegar el servicio (DDoS):** El ataque DDoS puede negar el servicio a toda la red. Algunos ejemplos incluyen hacer que los servidores se bloqueen por acciones específicas y aumentar el tráfico de Internet por datos inútiles, como solicitudes de ping de inundación.

Para contrarrestar el problema de las amenazas de seguridad externa se pueden tomar varias medidas. Es posible que no sean totalmente eficaces contra algunos atacantes, pero sin duda pueden hacer que la mayoría de los *crackers* se rindan.

Amenazas de Puerta Principal

La amenaza más común son las amenazas de puerta principal, donde la persona externa obtiene acceso a una cuenta de usuario en la red. Algunas formas de amenazas de puerta principal incluyen un ex empleado disgustado que tuvo acceso a la red tiempo atrás, o un extraño que adivinó o descifró la contraseña de una cuenta de usuario válida en la red o la obtuvo del usuario original de esa cuenta.

Los usuarios internos actuales o despedidos constituyen una amenaza para la seguridad porque tienen ciertas ventajas en comparación con los *crackers* habituales. Ya conocen la información crucial necesaria para el descifrado, como los nombres de usuario importantes a los que dirigirse, las contraseñas de otros usuarios durante el tiempo que estuvieron trabajando juntos, la estructura de la red y los nombres de los servidores.

Teniendo esto en cuenta, la seguridad interna y externa están interconectadas, por lo que, si se utilizan las políticas y prácticas relacionadas con la seguridad interna, las amenazas de entrada se reducen en gran medida.

Si los recursos de red a los que se puede acceder desde la LAN se mantienen separados de aquellos a los que nunca se debe acceder desde fuera de la LAN, el riesgo de amenazas de entrada disminuye considerablemente. Si se proporciona al servidor de contabilidad acceso de usuario externo, es posible manipular la configuración para que no se pueda acceder al sistema desde fuera de la LAN.

Los recursos de la red se pueden separar y categorizar según la autorización para acceder a estos recursos.

- El acceso a la LAN desde el exterior debe ser controlado y otorgado solo a un tipo específico de personas que lo necesiten entre los usuarios que viajan o residen en el hogar. Estos usuarios acceden a la LAN de forma remota a través de Internet cuando ejecutan el software VPN para ellos.

- Si los usuarios necesitan acceder a la LAN de forma remota, considere crear cuentas de acceso remoto para ellos, además de sus cuentas de usuario normales, y configúrelas para que sean más restrictivas que las cuentas de LAN normales. Este método no es práctico en general, pero la estrategia utilizada en él puede resultar útil, especialmente para los usuarios con amplios permisos de seguridad de LAN en condiciones normales.

- La función de devolución de llamada se debe utilizar para los usuarios que se conectan a los módems desde una ubicación fija (como sus hogares). En esta función, el número de teléfono del sistema de los usuarios desde el que marcarán está documentado de forma segura. Para conectarse al módem, marcarán el número del sistema y solicitarán acceso. El sistema de acceso remoto finaliza la conexión y marca el número de teléfono grabado de ese usuario. En ese momento, el ordenador del usuario toma la llamada y establece una conexión. De esta forma, la función de devolución de llamada evita el acceso al sistema si el número de teléfono de marcación difiere del registrado.

- Una vez que los usuarios con amplio acceso al sistema abandonan la empresa o son despedidos, examine las cuentas de usuario para identificar aquellos cuyas contraseñas son conocidas por el ex empleado. Después de que los empleados se vayan, considere cambiar las contraseñas de dichas cuentas de inmediato.

Las personas que no tengan ningún tipo de asociación con la empresa a menudo probarán un método indirecto denominado *ingeniería social*. Según esta técnica, utilizarán un procedimiento no tecnológico para recopilar información dentro de la empresa, incluidas las cuentas de usuario y las contraseñas. La ingeniería social es más eficaz en las grandes empresas, donde los empleados rara vez se conocen entre sí. Un ejemplo de esto es cuando un usuario recibe una llamada de un extraño que se hace pasar por el administrador de la red y le solicita que proporcione su contraseña temporalmente para poder rastrear cierto problema. Otro método de la técnica de ingeniería social consiste en buscar en los documentos y registros de la basura información que pueda ayudar al potencial intruso a descifrar una contraseña. Para evitar tales amenazas, los empleados deben recibir instrucciones especiales y ser prudentes al dar información por teléfono, ya que el personal de TI generalmente no solicita la contraseña de nadie.

Amenazas de Puerta Trasera

La principal causa de las amenazas ocultas o de puerta trasera son los problemas y errores que existen en el sistema operativo de la red o en alguna otra parte de la infraestructura de la red (como los enrutadores). Los cabos sueltos de seguridad son un problema que persiste en todos los sistemas operativos y componentes de la red. Puede tratarse eficazmente manteniendo el software y los parches relacionados con la seguridad actualizados.

Los servidores web deben protegerse de estas formas:

- Si aloja el sitio web asociado con su empresa en el sistema de un proveedor de servicios de Internet (ISP) en lugar de su red, el servidor se vuelve más seguro. Los puntos positivos del servidor externo incluyen una mayor disponibilidad para el servidor (proporcionando servicios 24/7) y seguridad avanzada. Otro punto es que la preocupación relacionada con permitir o no permitir conexiones LAN a la red desde el exterior se vuelve irrelevante.

- Asegúrese de configurar e implementar un *firewall* sólido para la red del sistema. Será aún mejor si lo prueba alguien familiarizado con el funcionamiento de ese *firewall* o que haya ayudado con la configuración. Mantenga actualizado el software del *firewall*.

- Investigue la configuración de seguridad relacionada con el servidor web que se está utilizando y confirme que esté implementada correctamente. Al auditar estas configuraciones de seguridad periódicamente, el servidor web y la red permanecen seguros.

- Para las personas que acceden al servidor web desde fuera de la empresa, cree un servidor al que se pueda acceder desde fuera del *firewall*, o más concretamente, entre el *firewall* y el enrutador de Internet (zona desmilitarizada). Este método de seguridad crea un obstáculo para los *crackers* que invadan el servidor web y les hará pasar un mal rato si intentan violar la red.

- Los correos electrónicos son la forma de comunicación más peligrosa porque pueden estar infectados por virus y programas troyanos. Si el tráfico de correo electrónico no se monitorea cuidadosamente, estos pueden infiltrarse en la red de la empresa. Esta amenaza se previene utilizando un software de detección de virus en el servidor de correo electrónico y actualizando las firmas de virus con regularidad.

Amenazas DDoS

Otro tipo de amenaza para la red del sistema es la amenaza DDoS (Denegación de servicio distribuida), por la cual los usuarios legítimos de la red no pueden obtener los recursos de la red porque se les niega el acceso. Funciona de dos maneras, la primera es inundando la red con tráfico inútil para que el servidor (como un servidor de correo electrónico) niegue los servicios a los usuarios legítimos o simplemente se bloquee bajo la gran carga de tráfico. La otra forma requiere aprovechar los errores existentes en el software de la red para bloquear el servidor.

La prevención de amenazas DDoS incluye:

- Verificar y confirmar si el software de la red está actualizado y al día.

- Configurar el *firewall* de manera que permita al usuario deshabilitar el servicio de tráfico del Protocolo de mensajes de control de Internet (ICMP) para que el tráfico y las solicitudes de ping no se permitan en la red.

- No permitir que personas ajenas a la LAN accedan a los recursos y servidores de la red a los que no deberían acceder. Por ejemplo, el sistema de contabilidad de una empresa se vuelve inaccesible para quienes están fuera de la LAN porque no lo necesitan. Por lo tanto, el *firewall* o el enrutador de filtrado de paquetes se configuran para que se niegue el tráfico que proviene y sale de la dirección IP del servidor.

Amenazas y Ataques Potenciales

En el mundo de la informática existe una amplia variedad de software malicioso y la lista sigue creciendo. Algunos se enumeran a continuación:

- **Virus:** Un virus informático es un código o programa capaz de copiarse a sí mismo y propagarse al infectar numerosos archivos, como archivos de aplicaciones y programas COM, EXE y DLL. Los archivos de documentos para aplicaciones como Microsoft Word y Excel propensos a ataques de virus admiten lenguajes de macros, que son lo suficientemente sofisticados como para permitirlo. Los archivos de datos, como los archivos de imágenes JPEG, también corren el riesgo de ser atacados por estos virus.

- **Gusanos:** El programa gusano funciona enviando una copia de sí mismo a otros ordenadores, que lo propagan a diferentes ordenadores después de ejecutarlo. Últimamente, los sistemas de correo electrónico han sido víctimas de gusanos adjuntos a los *emails* en un mensaje atractivo. Si el usuario del correo electrónico abre el archivo adjunto, las copias del gusano se distribuyen a otras personas presentes en la libreta de direcciones de correo electrónico del usuario. Esta acción se lleva a cabo sin el conocimiento del usuario, y los receptores del gusano se enfrentan a la misma situación. De esta manera, los gusanos se propagan como la pólvora por Internet a través del servidor de correo electrónico en tan solo unas horas.

- **Caballos de Troya:** El caballo de Troya es un programa engañoso que pretende hacer algo significativo o de interés para el usuario, pero lleva a cabo actividades maliciosas en segundo plano durante el período en que el usuario está ocupado interactuando con el programa principal.

- **Bombas Lógicas:** Las bombas lógicas son piezas de código de programación maliciosas agregadas al programa normal por el autor original o por una persona involucrada en el desarrollo del código fuente. Están configurados para activarse después de un cierto período de tiempo, después del cual eliminan archivos clave y realizan otras acciones maliciosas.

Con cada día que pasa, la ya enorme cantidad de virus aumenta aún más. Un requisito importante de la administración de la red es establecer prácticas para hacer frente a estos virus.

El antivirus se ejecuta en ordenadores en línea y monitorea las actividades del *software* para buscar posibles amenazas de virus. Si el antivirus descubre una entidad de virus, protege la red eliminando el virus del archivo original mientras lo mantiene intacto, y lo pone en cuarentena o lo bloquea hasta que un administrador lo verifica.

El antivirus puede ejecutarse en la mayoría de ordenadores en línea, incluidos los de escritorio, los servidores de archivos, los servidores de correo electrónico, los servidores de impresión y los *firewalls* computarizados. Los tres proveedores de antivirus más destacados son Symantec (Norton Antivirus), Trend Micro (PC-cillin) y Network Associates (McAfee VirusScan).

La opción más adecuada es asegurar que el antivirus se esté ejecutando en todos los servidores, así como personalizar la configuración para que su software se actualice automáticamente.

Dado que los servidores de correo electrónico corren un mayor riesgo de sufrir ataques de virus, se recomienda encarecidamente asegurarse de que se esté ejecutando el software antivirus en ellos. Los virus recién creados asociados con los correos electrónicos pueden propagarse por todo el mundo en cuestión de horas, por lo que, si configura la actualización de las firmas de virus cada hora, es probable que obtenga una actualización de virus necesaria antes de que ataque su red.

También se recomienda ejecutar el antivirus en las estaciones de trabajo, pero depender solo de este software para evitar ataques de virus no es lo más adecuado. No debe considerarse una forma principal de tratar los virus, sino un complemento del software basado en servidor.

Conceptos Básicos de Piratería y Diseño de Redes

En esta sección, trataremos sobre el diseño de redes y los conceptos básicos de la piratería. El diseño de redes es un trabajo muy importante que pueden realizar los profesionales de redes. Diseñar una red desde cero lleva mucho tiempo, es estresante y es un trabajo muy delicado. Sin embargo, a cambio de tales esfuerzos y responsabilidad, la red resultante construida para la empresa se adapta específicamente a sus necesidades. Esto permite que la empresa trabaje y funcione de manera eficiente mientras usa una red. Aunque el diseño de redes puede parecer intimidante al principio, el proceso y la filosofía detrás de él son realmente simples y sencillos una vez que se dominan.

Por último, sentaremos las bases para la piratería simple utilizando el sistema operativo Linux y hablaremos brevemente sobre el proceso de la cadena de exterminio o *kill chain*, que incluye reconocimiento, explotación y demás. Sin embargo, tenga presente que cubrir las características de la piratería, incluso las más básicas, está fuera del alcance de este libro. En cambio, nos centraremos en los aspectos principales.

El Proceso de Diseño de Redes

El diseño de redes no sigue un procedimiento científico, ni es una ciencia exacta. Es por eso que conseguir que todo sea correcto en el primer intento de diseñar una red es prácticamente imposible, ya que cada red tiene sus propias necesidades y demandas específicas que deben cumplirse. La prominencia y la excelencia en esta tarea provienen de la experiencia y la práctica. Sin embargo, el truco para diseñar una buena red es estimar las necesidades de la red y luego tratar de satisfacer estas necesidades lo mejor que se pueda.

El proceso de diseño de redes no es universal. Varía de persona a persona. Algunos procesos son simples y fáciles, y algunos procesos son tremendamente complicados. En este capítulo, aprenderemos sobre un proceso de diseño de red moderadamente completo, pero muy simple. Existen dos pasos para este proceso:

1. Evaluar las necesidades de la red
2. Satisfacer las necesidades de la red

Evaluación de las necesidades de la red

Evaluar las demandas y necesidades específicas de una determinada red es lo que permitirá configurar un buen diseño de red. Antes de considerar las características del diseño de la red, como los cables de red, la topología, el sistema operativo, etc., primero debemos tener en cuenta el objetivo que tendrá dicha red. En el proceso de diseño de redes, la evaluación de las necesidades de la red debe recibir la misma atención o incluso más que el resto de procedimientos y pasos a realizar.

En este punto hay cuatro preguntas que pueden ayudarnos a obtener la información necesaria para llevar a cabo este proceso:

- ¿Cuánto espacio de almacenamiento necesitamos?
- ¿Cuánta capacidad de ancho de banda necesitamos?
- ¿Cuáles son los servicios de red necesarios en esta configuración?
- ¿Cuál es el presupuesto máximo para la instalación de la red?

Después de responder estas preguntas, obtendremos la mayoría de las demandas de la red. Estas cuestiones proporcionan una guía sobre cómo abordar el proceso de diseño de la red mediante la evaluación de sus necesidades.

Aplicaciones

Un enfoque productivo para evaluar las necesidades de la red es analizar dichas necesidades desde el punto de vista de las aplicaciones que deben ejecutarse en la red. Una buena red se define por su productividad y capacidad para ayudar a sus usuarios y el diseño de dicha red está directamente relacionado con la estimación precisa de su utilidad. La mayoría de los usuarios de la red utilizarán aplicaciones de software. Por lo tanto, es muy importante asegurarse de que la red admita estas aplicaciones.

Veremos que algunas aplicaciones son comunes entre los diferentes departamentos de una empresa, mientras que otras son específicas para un determinado departamento o un determinado usuario. Aquí hay una lista de algunas aplicaciones habituales que se instalan por defecto para todos los usuarios en una red.

- Un procesador de textos
- Un programa de hoja de cálculo

- Base de datos para el usuario
- Un programa de presentación gráfica
- Aplicación de correo electrónico
- Software antivirus

Después de enumerar las aplicaciones instaladas para cada usuario, la persona que diseña la red debe determinar cómo se utilizarán estas aplicaciones y con qué frecuencia se accederá a ellas. Por ejemplo, en una empresa de más de 1.000 empleados, probablemente, más del 90% de la plantilla utilizará un procesador de texto. Después deberíamos calcular la cantidad de documentos creados por cada usuario por mes, el tamaño promedio del documento y el tiempo promedio de almacenamiento de cada documento (generalmente con fecha de 2 años o indefinido). Al hacer estas conjeturas o predicciones, podemos estimar la demanda de los usuarios de la red en función del tamaño promedio de los documentos, si desean transferir dichos documentos a través de la red. Bastaría con repetir este proceso de estimación para el resto de aplicaciones. Al hacer esto, terminaremos con una suposición segura de cuál es la capacidad de almacenamiento y ancho de banda requerida para la red.

Una vez que hayamos terminado con las aplicaciones comunes, pasamos al departamento y a las aplicaciones específicas del usuario. Para las empresas nuevas, este paso es relativamente difícil. La persona que diseña la red no tendrá conocimiento de las aplicaciones utilizadas por los departamentos, a menos que se le informe al respecto. Por el contrario, para las empresas que existen desde hace un tiempo, el diseñador de red ya conocerá estas aplicaciones específicas que la red debe admitir. Es muy importante conocer el impacto de cada aplicación departamental, ya que puede tener un efecto considerable en la red. Por ejemplo, un departamento relacionado con la contabilidad probablemente girará en torno a archivos de base de datos compartidos. El diseño de red para tal sistema debe diferir del diseño estándar cliente-servidor.

A continuación, se incluye una lista de algunas de las categorías más comunes de aplicaciones departamentales.

- Contabilidad
- Control de distribución e inventario
- MRP o planificación de necesidades de material
- Tecnologías de la información
- Comercio electrónico
- Recursos humanos
- Administración de nóminas y stock
- Publicación
- Marketing
- Legal

Evaluar estas categorías específicas de aplicaciones se realiza del mismo modo que la evaluación de las aplicaciones comunes.

Usuarios

Una vez que hayamos terminado con la estimación de las aplicaciones que la red debe admitir, podemos ocuparnos de evaluar la cantidad de usuarios que la red debe admitir, junto con las aplicaciones utilizadas por cada usuario. Evaluar el total es relativamente fácil. La propia empresa puede proporcionar esta información, o puede inferirla de sus planes comerciales y del presupuesto a largo plazo.

Al diseñar una red, también se debe tener en cuenta la capacidad de crecimiento de la empresa, es decir, la red debe ser capaz de soportar nuevos usuarios que se unan a la empresa en los años posteriores. La tasa de crecimiento de la empresa se puede incluir en el diseño de la red como una demanda más.

Además de estimar la cantidad de usuarios que utilizarán la red, también debemos tener en cuenta algunas preguntas importantes sobre sus perfiles de usuarios. Son las siguientes:

- **El requisito de ancho de banda:** además del uso normal de los servicios de red, ¿algún usuario tiene requisitos importantes de ancho de banda?

- **Requisito de almacenamiento:** ¿hay usuarios con requisitos de almacenamiento importantes además del requisito general de la mayoría? Por ejemplo, si el departamento de imágenes electrónicas necesita catalogar muchos documentos en un formato de archivo de imagen en el servidor de la red, ¿cuántos usuarios necesitarán acceder a estos datos catalogados?

- **Requisito de servicio:** ¿hay usuarios en la empresa que necesiten acceso a servicios de red adicionales que la mayoría de los usuarios normalmente no necesitan? Esta pregunta puede estar relacionada con un grupo en una empresa que se ocupe de datos confidenciales y deba dividirse del resto de los grupos en la red de área local mediante un firewall de red.

Servicios de red

Al diseñar la red se debe considerar la gama de servicios de red. Para diferentes empresas, el requisito de servicios de red también es diferente. Por ejemplo, si una empresa requiere una configuración de red simple, es posible que solo necesite servicios simples, como servicios de archivos e impresión, junto con un servicio de conectividad a Internet. Pero una configuración de red compleja incluirá muchos otros servicios de red. Aquí hay una lista de los servicios de red que deben tenerse en cuenta al diseñar una red para la empresa.

- Servicios de archivo e impresión
- Servicios de copia de seguridad y restauración
- Conectividad a Internet
- FTP y telnet
- Navegación web y servicios de correo electrónico externos

- Seguridad en Internet
- Servicios de acceso remoto
- Servicios DHCP
- Servicios antivirus centralizados
- Servicios WAN a otros lugares
- Servicios de transmisión
- VoIP

Hay tres aspectos principales que debe conocer para cada uno de los servicios de red.

1. El almacenamiento y el ancho de banda que necesita cada servicio.

2. Conocer la forma en que se prestarán estos servicios a los usuarios y conocer el servidor que albergará estos servicios. Es necesario configurar cada servidor.

3. El requerimiento del servicio de red de los usuarios o grupos de la empresa. Algunas veces la empresa no requerirá que todos los servicios de red estén disponibles para los usuarios. Otras veces, habrá usuarios o grupos dentro de la empresa que necesitarán acceso a servicios de red específicos, a diferencia de la plantilla general.

Satisfacer las Necesidades de la Red

Una vez que hayamos terminado con la evaluación de los requisitos de la red, el siguiente paso es asegurarse de que se cumplan estos requisitos. Este punto del proceso de diseño de la red depende básicamente de la experiencia y el ingenio de la persona a cargo del diseño. No hay una serie definida de pasos que, cuando se sigan, nos darán una respuesta definitiva sobre qué hacer. En cambio, será necesario mapear toda la red para pintar un esquema de cómo será dicha red. La base de este esquema será la información que se haya desprendido de la evaluación del diseño de la red. Otra buena práctica es buscar comentarios de profesionales de redes que tengan mucha experiencia en este campo. Recopilar consejos de diferentes críticos e implementarlos en su diseño puede ser la receta para un diseño de red exitoso.

Los Fundamentos de la Piratería: el Proceso de la Cadena de Exterminio (*Kill Chain*)

El objetivo principal de la piratería suele ser penetrar en una red o en una cuenta de usuario. Esto último es más simple porque existen varias técnicas para *hackear* o piratear la cuenta de alguien, como usar un ataque de fuerza bruta. En este libro, analizaremos la piratería relacionada con el *hackeo* de una red. Sin embargo, no podemos cubrir todos los aspectos relacionados con la piratería porque se podría escribir un libro completo solo con abordar este tema. Por lo tanto, solo analizaremos el proceso principal de la piratería, es decir, el proceso de la cadena de eliminación de la ciberseguridad.

Un proceso de cadena de eliminación de ciberseguridad tiene ocho pasos esenciales y estos son:

1. Reconocimiento
2. Intrusión
3. Explotación
4. Escalada de privilegios
5. Movimiento lateral
6. Ofuscación
7. Negación de servicio
8. Exfiltración

Estos ocho pasos son las etapas centrales y fundamentales de un ataque de intrusión por parte de un *hacker*. No importa qué tipo de ataque desee lanzar en una red, ya sea un ataque interno o externo, debe seguir estas ocho fases para tener éxito en la piratería.

Fase 1: Reconocimiento

La primera fase del proceso de la *kill chain* o cadena de exterminio es recopilar información sobre el objetivo. En esta etapa, el trabajo del pirata informático es simplemente observar el objetivo e investigar sobre él a través de recursos en línea. El atacante puede buscar en las páginas de redes sociales de la empresa a la que quiere dirigirse o buscar información sobre los empleados de la empresa en sus cuentas de redes sociales. En la actualidad, investigar un objetivo es relativamente fácil con tantos recursos a disposición del *hacker*. Un atacante determina la situación interna de la propia empresa al observarla con atención desde la perspectiva de un extraño. Esto revela los posibles eslabones débiles dentro de la red de la empresa a los que debería apuntar el atacante. Durante el reconocimiento, los piratas informáticos suelen adoptar uno de estos dos enfoques:

- Reconocimiento pasivo
- Reconocimiento activo

En el reconocimiento pasivo, el atacante no se arriesga directamente a exponer sus intentos al objetivo. En cambio, su objetivo es recopilar tanta información sobre el objetivo como le sea posible y luego crear enlaces a otros objetivos potenciales. Por ejemplo, obtener el nombre de un empleado del sitio web de la empresa, luego buscar sus cuentas de redes sociales a partir de su nombre, luego averiguar su nombre de usuario, y la cadena de investigación continúa. La información recopilada está disponible públicamente y esto no genera alarmas.

Pero en el reconocimiento activo, el atacante adopta un enfoque más agresivo para recopilar información sobre el objetivo. Al seguir este enfoque, el atacante generalmente se involucra con el sistema de destino directamente para descubrir las vulnerabilidades potenciales. Sin embargo, hacerlo conlleva cierto riesgo porque el objetivo puede descubrir los intentos de recopilación de información del atacante, y este puede quedar expuesto. Una vez que el atacante haya recopilado información, como los nombres, títulos, direcciones de correo electrónico del objetivo y otros datos, la fase de reconocimiento se completa. A partir de aquí podrá explorar las diferentes vías a través de las cuales proceder con el cyberataque.

Fase 2: Intrusión

Una vez que el atacante ha reunido la información, puede idear una forma que le dé acceso al sistema del objetivo. El propósito del atacante, en esta fase, es entrar de alguna manera en el sistema aprovechando el malware o las vulnerabilidades de seguridad. Una vez que el *hacker* está dentro del sistema del objetivo, puede configurar las etapas posteriores del proceso de la cadena de exterminio. Después de esto, la información recopilada en la fase de reconocimiento ayudará al pirata informático a planear un ataque factible, como un ataque de *spear-phishing*. Al enviar un correo electrónico cuidadosamente elaborado con un contexto convincente, un atacante puede engañar fácilmente al objetivo para que haga clic en un enlace malicioso. Esto le dará al atacante acceso al sistema de destino e incluso más control sobre el mismo. Podrá inyectar software espía para recopilar contraseñas y otra información similar en segundo plano, sin que el objetivo se dé cuenta. Esta fase del proceso de la *kill chain* es básicamente el punto de entrada del ataque.

Fase 3: Explotación

En esta fase del ataque, el *hacker* infecta el sistema con su propio código malicioso. Esta explotación del sistema de destino proporcionará al pirata informático un mejor control sobre dicho sistema. La explotación debe realizarse con cuidado; el objetivo no deberá albergar sospechas de que alguien se ha infiltrado en su sistema. La fase de explotación se centra principalmente en proporcionar al atacante más recursos para trabajar en el sistema de destino mediante la explotación de las vulnerabilidades descubiertas en la fase de reconocimiento. Por otra parte, el *hacker* también podrá instalar herramientas, crear scripts o incluso realizar modificaciones en los certificados de seguridad del sistema del objetivo.

Fase 4: Escalada de privilegios

A veces, el sistema objetivo tiene privilegios de usuario bajos de forma predeterminada o le otorga privilegios bajos particularmente al atacante después de la infiltración. En tales casos, es de suma importancia para el atacante elevar sus privilegios de acceso en el sistema de destino. De lo contrario, no podrá acceder a la mayoría de los recursos del sistema, incluso después de *hackearlo* con éxito. En una analogía, el privilegio se podría describir de la siguiente manera: el atacante logra entrar con éxito en un edificio sin ser detectado y ahora se encuentra en el vestíbulo; sin embargo, a menos que aumente sus privilegios, se quedará atrapado en el vestíbulo y no podrá lograr sus objetivos. Algunos de los procedimientos más comunes para escalar privilegios son:

- **Ataques de fuerza bruta** - este enfoque tiene como objetivo las vulnerabilidades de las contraseñas para proporcionar al usuario credenciales de administrador. De esta forma el atacante podrá acceder al sistema como administrador en lugar de como usuario estándar.

- **Explotación de las vulnerabilidades de día cero** - las vulnerabilidades de día cero son aquellas debilidades en la seguridad de un sistema presentes desde el primer día de su desarrollo. La peculiaridad de esta vulnerabilidad es que ni el usuario ni el desarrollador conocen esta falla potencial, lo que hace que el ataque de explotación sea prácticamente imparable.

Fase 5: Movimiento lateral

Ahora que el atacante tiene el control total de los recursos del sistema, es hora de encontrar lo que ha venido a buscar. En esta fase, el atacante se moverá de un sistema al siguiente en busca de más datos y activos. Esta etapa es una especie de misión de descubrimiento donde objetivo es encontrar datos sensibles y críticos.

Fase 6: Ofuscación

En esta fase del proceso los atacantes ocultan su presencia y tapan sus huellas. Esto evitará el descubrimiento inmediato del ataque y también dificultará la investigación futura del mismo. Para ello, los piratas informáticos generalmente eliminan los archivos de metadatos, sobrescriben las marcas de tiempo y realizan otras modificaciones similares.

Fase 7: Denegación de servicio

En este punto del ataque, los piratas informáticos se centran en anular temporalmente la red y su infraestructura. De esta manera, los usuarios normales no podrán acceder a la red y no sabrán lo que sucede en su sistema. Esto también se conoce comúnmente como ataque DDoS.

Fase 8: Exfiltración

Esta fase del proceso de la *kill chain* se centra en la ruta de escape del pirata informático después de haber recopilado los datos y la información que buscaba. El objetivo principal es trasladar los datos del sistema de destino a un sistema especificado por el pirata informático, ya sea copiando, moviendo o transfiriéndolos a través de la red. Este proceso puede llevar tiempo, pero una vez que se obtienen los datos, el *hacker* puede hacer lo que quiera con ellos.

Capítulo 8: Consejos Útiles de Ciberseguridad para 2020

Un Plan de Recuperación ante Desastres es Vital

Un plan de recuperación ante desastres es un documento que contiene el procedimiento paso a paso para recuperar una red después de que un desastre ponga en peligro los datos de la mencionada red o dificulte su funcionamiento. Los auditores financieros externos de una empresa necesitan el plan anual de recuperación ante desastres para obtener la información sobre los datos de la red y su importancia para la empresa. Del mismo modo, les servirá para reparar los efectos perjudiciales que una falla en la red puede tener en la empresa. Al preparar un plan de recuperación ante desastres, el gerente debe considerar cuidadosamente todos los posibles escenarios de desastres y desarrollar planes de protección efectivos para evitar la pérdida de datos y restaurar las operaciones comerciales rápidamente. Por lo tanto, los dos trabajos más importantes de los administradores de red incluyen el desarrollo de un plan eficaz de recuperación ante desastres y la administración de los sistemas de respaldo de la empresa.

La mayoría de las veces, los planes de recuperación ante desastres no son largos, aunque la duración depende de la complejidad de las operaciones de la red. En el caso de una sola red con varios centenares de nodos y unos quince servidores, el plan de recuperación ante desastres tendrá entre diez y veinte páginas. Si se trata de una red compleja, como la de las compañías Fortune 500, el plan de recuperación ante desastres de todos los sitios considerados en conjunto puede tener centenares de páginas.

Si se quiere maximizar la utilidad del plan de recuperación ante desastres se debe redactar conciso y relevante, pero sin descuidar los problemas remotos que tienen una pequeña posibilidad de ocurrir. Preste atención a los efectos que puede causar el desastre, como la pérdida de un servidor o una sala de servidores completa, o la pérdida de todas las estaciones de trabajo de servicio al cliente, etc., en lugar de preocuparse por las causas que conducen a dicho desastre.

En la siguiente sección encontrará detallados los puntos en los que se debe centrar un plan de recuperación ante desastres. Dependiendo de la empresa y la red que se utilice, es posible que también deban abordarse otros problemas relacionados.

Evaluación de las Necesidades de Recuperación ante Desastres

El plan de recuperación ante desastres debe redactarse de acuerdo con las necesidades de la empresa, es decir, los problemas potenciales y la persona que requiere el proceso de planificación de la recuperación. Otros aspectos y necesidades a considerar son:

- Considerar diversas contingencias y planificar al detalle todo tipo medidas para los posibles desastres.

- Convencer a los auditores contables externos de la empresa de que se ha desarrollado un plan para contrarrestar los posibles desastres.

- Asegurarse de que la alta dirección de la empresa esté informada sobre los riesgos y desastres potenciales, y el tiempo que tomaría resolver cualquier problema que ocurra

- Desarrollar un plan partiendo de las áreas clave de las consideraciones comerciales de la empresa, incluidos los diferentes desastres relacionados con la red informática

- Persuadir a los clientes de la empresa de que los datos y las operaciones de la empresa están seguros y a salvo de desastres.

Tener en cuenta estas necesidades durante la planificación le mostrará claramente lo que debe implicar el plan y qué personas de las diferentes partes de la empresa deben participar en el proceso de diseño de dicho plan.

Consideración de Escenarios de Desastre

Si desea prepararse y desarrollar un plan para escenarios de desastre que sea eficaz, debe considerar los diferentes escenarios de desastre posibles, tales como:

- Que se produzca un incendio en una habitación, como la sala de servidores, y destruya algunos ordenadores y cintas.

- Que el ordenador y las baterías de respaldo que se encuentran cerca del suelo en la sala de servidores se dañen a causa de una inundación. Puede ocurrir por un incidente dentro del edificio, como la activación de los rociadores contra incendios debido a un incendio, o un caso grave de fuga de agua en una habitación cercana a la sala de servidores.

- Que ocurra un problema en los circuitos eléctricos, lo que provocaría que falle la alimentación.

- Que la conexión con el mundo exterior se pierda debido a algún problema, como un problema en la red de área amplia (WAN) o una caída de la conexión a Internet

- Que la red o los servidores de la empresa presenten problemas debido a la mala estructura del edificio.

- Que los equipos de otra parte del edificio, imprescindibles para el funcionamiento de la empresa, se vean afectados por los hechos anteriores. Podría ser una de las áreas de fabricación, el centro de servicio de atención al cliente o la sala del sistema telefónico

Los eventos mencionados anteriormente no tienen una alta probabilidad de ocurrir. Sin embargo, es imperativo considerarlos todos porque el plan de recuperación ante desastres se elabora para hacer frente a problemas graves. Si la planificación se centra solo en los problemas con mayor probabilidad de ocurrir, será mucho menos útil.

También se deben considerar algunas fallas que podrían poner en peligro el sistema después de la planificación para desastres:

- Que la placa base del servidor falle y no se pueda obtener una nueva del proveedor en menos de tres días.

- Que la falla de un disco provoque la pérdida de datos. Si utiliza el esquema de matriz redundante de discos independientes (RAID), haga un plan que tenga en cuenta fallas más graves que las que puede proteger el sistema RAID. Por ejemplo, si se utilizan unidades duplicadas RAID 1, cree un plan que considere la falla de ambos lados del espejo simultáneamente. Para RAID 5, considere la posibilidad de planificar medidas para cuando dos unidades fallen simultáneamente.

- Considere la posibilidad de que falle la unidad de copia de seguridad en cinta y no se puedan realizar reparaciones en una o dos semanas. Esta falla no causa la pérdida de datos en sí, pero aumenta las posibilidades de que se dé esa situación.

La planificación para estos problemas requiere respuestas rápidas y eficaces. Por ejemplo, si la placa base del servidor falla, reubique las unidades de ese servidor a otro temporalmente, hasta que la placa base sea reparada o reemplazada. Si un disco falla, diseñe un plan que contenga un método para reconstruir la matriz de discos y restaurar rápidamente los datos desde una copia de seguridad. Si la unidad de copia de seguridad en cinta falla, planifique cómo obtener una unidad equivalente o tenga en cuenta si el desarrollador de la unidad de cinta puede cambiar la unidad defectuosa por una de reemplazo reacondicionada.

Considere la posibilidad de conservar las piezas de repuesto y los servidores de respaldo para que, en caso de falla, el sistema pueda reanudarse rápidamente. Examine estas preguntas y considere lo que implican sus respuestas:

- ¿Se debe tener un contrato de mantenimiento? Si es así, asegúrese de que se entienden las garantías y los procedimientos.

- ¿Deben almacenarse las piezas de repuesto y estar listas para usar si ocurre una falla

- ¿Hay algún ordenador disponible que pueda actuar como sustituto temporal de un servidor clave, en caso de fallo? ¿Se puede aplicar esto mismo a los enrutadores, concentradores, conmutadores y otros componentes importantes?

- ¿Están los empleados capacitados y listos para trabajar con el equipo de reemplazo, o sin sistema, si se deben tomar medidas temporales? Por ejemplo, ¿pueden un restaurante y su personal seguir funcionando si el sistema electrónico falla?

- ¿Es necesario mantener un sitio de recuperación frío o caliente? Un sitio de recuperación "frío" es una instalación administrada por la empresa que se mantiene cerca del centro de datos protegido. Si el centro de datos enfrenta algún desastre, el sitio puede alojarse en este sitio de recuperación, donde están disponibles todas las funciones de energía, aire acondicionado y las instalaciones. El sitio "caliente" tiene las mismas características que el sitio "frío" con la ventaja adicional de tener equipo y software de ordenador para realizar el mismo procesamiento que se realiza en el centro de datos. Los datos del sitio web se sincronizan con los del centro de datos en tiempo real, por lo que puede hacerse cargo del trabajo del sitio principal en un corto período de tiempo. Los sitios calientes o fríos suelen ser utilizados por aquellas empresas que necesitan realizar operaciones de datos sensibles y de misión crítica.

El núcleo de la planificación de la recuperación ante desastres se basa en dos puntos: primero, analizar problemas o riesgos potenciales; por ejemplo, mal funcionamiento o falla de equipos esenciales, y segundo, gestionar y superar dichos problemas o riesgos.

1. Manejo de Comunicaciones

El plan de recuperación ante desastres debe cubrir el aspecto del manejo de la comunicación. Si la comunicación no se planifica de manera efectiva para que fluya correctamente durante un desastre, es posible que las personas no desempeñen bien sus trabajos y esto dificultará la solución de la crisis.

La planificación de la comunicación se puede iniciar escribiendo la lista de personas a las que se debe informar sobre un problema, cómo hacer un seguimiento del progreso realizado para resolver dicho problema y el resultado. Aquí se proporciona una lista de ejemplo:

- Junta directiva
- Presidente o director ejecutivo
- Vicepresidentes de áreas respectivas
- Supervisores
- Empleados que enfrentan el problema.

El siguiente paso incluye decidir la notificación que se le debe dar a cada persona con respecto al proceso de recuperación ante desastres. Por ejemplo, es posible que la junta directiva solo necesite ser informada cuando el desastre progrese tanto que tenga un efecto material en el desempeño de la empresa. Pero el supervisor y los empleados directamente afectados por el problema deben ser notificados constantemente sobre cada desarrollo.

Después de considerar la lista de personas y a qué nivel deben ser notificadas, se debe decidir cómo se les notificará. Si usted está directamente involucrado en la solución del problema, considere pasar la responsabilidad de notificar del desastre a otra persona que no esté involucrada tan directamente, para que pueda terminar el proceso de resolución pronto. Esta tarea debe delegarse al supervisor de su departamento o un empleado que tenga conocimientos sobre los procedimientos requeridos en la comunicación. También deben disponer de la información de contacto como números de casa, números de buscapersonas, etc. si deben informar a la persona después del horario laboral. Configurar un árbol telefónico ayudará a comunicarse con otros rápidamente. La última tarea es delinear el orden en que las personas reciben la notificación. Esta lista depende del entorno de la empresa y del desastre, sin tener en cuenta el organigrama de la empresa.

2. Planificación del Almacenamiento Fuera del Sitio

El almacenamiento fuera del sitio es un método para proteger los datos manteniéndolos en cintas de respaldo, en caso de que un desastre físico, como un incendio, destruye las copias de los datos presentes en el sitio.

Junto con el almacenamiento de archivos fuera del sitio, las empresas también ofrecen almacenamiento en cintas estandarizadas que funcionan de forma rotatoria (semanalmente con mayor frecuencia). El empleado de la empresa de almacenamiento visitará la oficina e intercambiará cajas. Dejará una nueva caja de cintas y recogerá otro juego. Las cintas de respaldo generalmente se encuentran en cajas de acero inoxidable y el administrador de la red tiene la obligación de mantener estas cajas bajo llave y resguardadas. La decisión sobre qué cintas guardar en el sitio y cuáles enviar fuera del sitio debe tomarse con cuidado. Una opción es mantener las cintas de respaldo más recientes en el sitio y enviar las más antiguas fuera del sitio. Esto es útil, ya que puede mantener las cintas que necesita a diario cerca de usted, mientras reduce la exposición al desastre. Incluso si un desastre daña la sala de servidores y las cintas de respaldo, solo se destruirán los datos recientes, lo que no representa una gran pérdida.

3. Descripción de Componentes Críticos

El plan desarrollado para la recuperación de desastres también debe incluir el equipo informático y el software necesarios para mantener las operaciones en funcionamiento, en caso de que se pierda todo. El coste estimado de este equipo y el método para obtenerlo rápidamente deben ser parte de este plan, lo que ayudará a reducir el tiempo perdido para reanudar las operaciones comerciales en una instalación temporal. Las compras de seguros para operaciones comerciales también se estimarán en el coste final total.

4. Las Funciones de Copia de Seguridad y Restauración de las Redes

Otra inclusión que debe tener el plan de recuperación ante desastres para una red es el método para recuperar los datos almacenados del servidor, si estos se destruyen. Uno de estos métodos es establecer procedimientos de restauración y copia de seguridad de la red. Un administrador de red debe conocer la importancia de mantener copias de seguridad de los datos importantes y del sistema en sí.

Cuando una persona trabaja con ordenadores, no tarda mucho en darse cuenta de la importancia de mantener buenas copias de seguridad, porque los ordenadores pueden fallar inesperadamente, haciendo imposible la recuperación de los datos que contienen. Algunos archivos también pueden eliminarse o dañarse debido a un incidente. En tales casos, los trabajos de los empleados de la empresa dependen de la calidad de las copias de seguridad de los datos destruidos y la restauración de esos datos importantes.

Evaluación de las Necesidades de Respaldo

La evaluación de las necesidades del proceso de copia de seguridad y restauración de una empresa ha de realizarse antes de proceder con la copia de seguridad. Para completar la evaluación de las necesidades de respaldo, considere estas preguntas:

- ¿Son los datos del servidor dinámicos? ¿Con qué frecuencia y de qué manera cambian?

- ¿Qué datos se deben respaldar y cuál es la tasa de crecimiento?

- ¿Cuánto tiempo se tarda en realizar la copia de seguridad de los datos? Evite una situación en la que realice una copia de seguridad de una cantidad de terabytes de datos en un sistema que solo puede manejar ciertos megabytes por hora.

- ¿Con qué rapidez se puede realizar una restauración parcial o completa de los datos? La mayoría de las veces, la restauración de datos toma el doble de tiempo en comparación con la copia de seguridad, aunque hay casos en los que el tiempo de copia de seguridad y restauración es igual. Por ejemplo, si todo el servidor tardó diez horas en realizar una copia de seguridad, los datos de restauración estarían entre diez y veinte horas, excluyendo el tiempo necesario para solucionar el problema que llevó a tener que restaurar los datos.

- ¿Cuánta consistencia se requiere en los datos de respaldo? ¿Es necesario que los archivos de datos se gestionen como una sola unidad? Por ejemplo, la restauración de archivos de procesamiento de texto no necesita ser coherente y no afectará a otros archivos del sistema. Sin embargo, una colección de archivos de base de datos de una base de datos de gama alta es útil solo si los archivos se pueden restaurar en conjunto desde el mismo punto.

- ¿Qué equilibrio se puede lograr entre coste y capacidad de recuperación? Un sistema de copias de seguridad diseñado para respaldar archivos cada minuto puede generar una gran confianza porque asegura que no habrá pérdida de datos, incluso si surge algún problema. Estos sistemas de respaldo de alta gama son necesarios en los bancos, pero el coste y la administración de dichos sistemas son altos. La mayoría de las empresas pueden optar por alguna alternativa económica con un bajo grado de recuperación, como los que realizan la copia de seguridad de los datos en horas no laborables (generalmente por la noche). Cada empresa puede evaluar lo que necesita y el gasto que puede asumir.

- ¿Cuántos niveles de copias de respaldo necesita la empresa? Las copias de seguridad se encuentran principalmente en cintas que admiten servidores que utilizan matrices RAID. De esta forma, el segundo nivel de protección son las cintas. A veces, se requieren varias copias de las cintas y cada copia tiene una copia de seguridad. Se pueden tener tantas copias de seguridad como se requieran y se pueden mantener fuera del sitio a través de alguna conexión de red.

Cuando se va a realizar la evaluación, se debe involucrar a la alta dirección de la empresa. Más tarde, las decisiones pueden compartirse con la gerencia para buscar su acuerdo o aportes.

Adquirir Medios y Tecnologías de Respaldo

Al seleccionar un sistema de respaldo (hardware y medios) se deben tener en cuenta los siguientes factores:

- Fiabilidad
- Coste
- Capacidad de almacenamiento
- Frecuencia de restauración
- Ajustar una copia de seguridad completa en un solo medio

La siguiente información trata sobre varias tecnologías de respaldo, sus costes y las ventajas y desventajas de cada una. Todos los valores, como los precios de las unidades, los medios y los costes por megabytes, se basan en aproximaciones.

Digital Linear Tape (DLT) o Linear Tape-Open (LTO) son sistemas de respaldo robustos que deben considerarse si su empresa cuenta con los recursos y capacidades adecuados para utilizarlos. Estos sistemas están previstos para ser reutilizados un millón de veces, con una vida útil de 30 años, y disponen de discos rápidos para realizar copias de seguridad y restaurarlas. DLT y LTO también pueden disponer de autocambiadores robóticos, que generan mucho espacio si se llenan las unidades. Estos autocambiadores robóticos son económicos y hay varios tipos disponibles, que van desde sistemas pequeños con una capacidad de cinco cintas hasta sistemas grandes que pueden contener decenas o cientos de cintas.

Por otro lado, los sistemas Super DLT S4, con 600 GB por cinta, y LTO-4, con 800 GB por cinta, son nuevas tecnologías de respaldo, más avanzadas que DLT y adecuadas para redes más grandes. Muchos proveedores de equipos informáticos admiten los formatos de cinta de DLT y LTO y los consideran fiables.

Elección de Estrategias de Respaldo

La estrategia de rotación de la copia de seguridad se planifica después de recopilar toda la información importante. Este plan contiene los detalles de cómo se rotan los medios de copia de seguridad. Un diseño apropiado de estas rotaciones de respaldo tiene las siguientes ventajas:

- Si ocurre un fallo grave, el sistema puede reconstruirse basándose en los datos más recientes.

- Si las cintas antiguas se borran o dañan accidentalmente, se pueden restaurar sus archivos inmediatamente antes de que se pierdan los datos.

- Brinda protección si falla el medio de respaldo.

- Protege los datos contra casos de desastres ambientales, como un incendio.

En la mayoría de los sistemas operativos de red, los archivos tienen asignados bits especiales. Uno de estos bits especiales se denomina bit de archivo y especifica el estado de la copia de seguridad del mismo. El bit de archivo se establece como "activado" siempre que se edita un archivo, lo que indica la necesidad de una copia de seguridad de este. Una vez que se realiza la copia de seguridad, el bit de archivo se borra. Con el bit de archivo y el software de respaldo, las copias de seguridad que se pueden crear son:

- Una **copia de seguridad completa** en la que se realizan respaldos de todos los archivos y directorios, sin tener en cuenta los estados de los bits del archivo. Este método borra todos los bits de archivo de la copia de seguridad.

- Una **copia de seguridad incremental** que selecciona los archivos modificados (los que tienen su bit de archivo activado), y luego crea copias de seguridad para los mismos. Los únicos archivos de los que se realiza una copia de seguridad son aquellos que se han editado desde la última copia de seguridad incremental o completa, y su bit de archivo se restablece. En esta modalidad de copia de seguridad no se incluyen aquellos que no hayan sido modificados recientemente. Aunque el tiempo consumido en las copias de seguridad incrementales se reduce, el tiempo de restauración aumenta, al igual que la posibilidad de fallos en los medios.

- Una **copia de seguridad diferencial** que funciona mediante la copia de seguridad de aquellos archivos que tienen sus bits de archivo activados. La diferencia con respecto a la modalidad anterior es que, en esta copia de seguridad, los bits de archivo se mantienen, incluso después de la copia de seguridad. De este modo, en las copias de seguridad posteriores, estos archivos se volverán a incluir, junto con otros archivos nuevos modificados. En este escenario aumenta el tiempo necesario para realizar copias de seguridad, pero se reduce el tiempo de restauración y la posibilidad de fallos en los medios.

Generalmente, realizar copias de seguridad completas es lo más ventajoso, ya que solo se deberá acceder a las cintas de copia de seguridad más recientes para restaurar el sistema, si ocurre un fallo. Mirándolo de manera realista, tal cosa no es factible debido a varias razones. En primer lugar, realizar una copia de seguridad completa requiere mucho tiempo y es posible que no haya tiempo suficiente para realizar una copia de seguridad completa todos los días. En segundo lugar, cuanto menos trabajo realicen las cintas y los medios, más vida útil tendrán. Además de estas premisas, considere el tiempo de restauración que tomará la combinación de una copia de seguridad completa e incremental o diferencial, junto con el riesgo de no poder restaurar los datos debido al uso de un enfoque combinado. Además, considere el escenario en el que necesite una restauración total y deba usar una cinta de respaldo completa y cuatro cintas de respaldos incrementales, posteriores al respaldo completo. Las cinco cintas deberán estar en buenas condiciones, lo que es poco probable en este caso.

Es común mezclar los tipos de copias de seguridad, realizando una copia de seguridad completa a la semana y utilizando las copias de seguridad incrementales o diferenciales durante el resto de la semana. Algunos ejemplos son:

- **Copia de seguridad completa los viernes por la noche y copias de seguridad incrementales de lunes a jueves:** si ocurre un fallo del sistema un lunes por la mañana antes de cualquier entrada de datos, solo es necesario restaurar la copia de seguridad completa del viernes. Pero si el fallo ocurre el jueves, es necesario restaurar cuatro cintas en secuencia para una copia de seguridad completa, comenzando desde la copia de seguridad completa del viernes y continuando con las copias de seguridad incrementales del lunes hasta el miércoles. En el segundo caso, todos los datos de esas cintas deben restaurarse con éxito y de forma secuencial para garantizar la integridad de los datos. Si no lo hace, es posible que los archivos no coincidan y sean difíciles de usar. Por lo tanto, esta modalidad tiene un riesgo bastante elevado.

- **Copia de seguridad completa el viernes por la noche y copias de seguridad diferenciales de lunes a jueves:** si se produce un fallo del sistema el lunes por la mañana, solo se necesita la restauración completa de la copia de seguridad del viernes. Pero si falla un jueves por la mañana, la restauración completa de los datos solo requiere dos cintas: la copia de seguridad completa del viernes anterior con la copia de seguridad diferencial realizada el miércoles. Esto se debe a que, en la copia de seguridad diferencial, se han realizado copias de seguridad de todos los archivos modificados desde la última copia de seguridad. Por lo tanto, el riesgo disminuye debido a que solo es necesario restaurar dos cintas.

Un buen esquema de respaldo necesita un equilibrio entre la naturaleza de los datos y los riesgos de cada respaldo, la capacidad de las cintas y el tiempo consumido en cada copia de seguridad.

El esquema "Abuelo-padre-hijo" (GFS) es el esquema de rotación de respaldo más común. Para implementarlo son necesarias ocho cintas. Cuatro de estas cintas se nombran de "lunes" a "jueves", mientras que las otras cuatro son "viernes 1", "viernes 2", "viernes 3" y "viernes 4". Las cuatro primeras se utilizan de lunes a jueves para reemplazar los datos de la semana anterior, mientras que las cuatro cintas siguientes se designan para cada viernes del mes. Para el primer viernes del mes, se usará la cinta "viernes 1" y así sucesivamente. Es recomendable preparar una cinta el último día de cada mes, no para volver a utilizarla, sino para mantenerla fuera del sitio y que pueda usarse cuando una crisis, como una falla ambiental, destruya el sistema y todas las cintas en el sitio.

GFS tiene tres variaciones principales:

1. Realizar una copia de seguridad completa cada vez, lo que aumenta la redundancia de medios, pero reduce el tiempo de restauración.

2. Realizar copias de seguridad completas solo los viernes y a final del mes, y durante el resto de las semanas utilizar copias de seguridad incrementales.

3. Realizar copias de seguridad completas los viernes y fines de mes, así como copias de seguridad diferenciales durante la semana.

Los esquemas de rotación son más simples, si los comparamos con el sistema GFS; únicamente se utilizan dos o tres cintas, rotándolas y sobrescribiendo los datos antiguos cada vez. De esta manera, los datos de los tres días anteriores se pueden restaurar fácilmente. Pero es imposible recuperar datos de más atrás en el tiempo si se borraron o dañaron sin que nadie se diera cuenta de inmediato. Una forma de solucionar esta deficiencia es incluir algunas cintas más, que se pueden rotar semanal o mensualmente.

Conclusión

Hasta esta página, hemos cubierto una variedad de temas relacionados con los ordenadores y la informática. Hemos hablado ampliamente de las redes informáticas, dado que son muy relevantes en la era moderna, gobernada por Internet. Hemos aprendido sobre el modelo de red OSI y cómo los diferentes protocolos y aplicaciones de red se adhieren a este. Después de abordar las redes, cambiamos nuestro enfoque hacia la seguridad de las mismas, que es un tema muy importante, ya que nadie quiere que sus datos se vean comprometidos y mal utilizados. En la parte final de este libro, le hemos dado la debida importancia a temas como el diseño de redes y la piratería, siendo este último más interesante e informativo. La piratería es algo que puede hacer cualquier persona con las herramientas y el conocimiento adecuados. Hemos explicado el proceso general de la piratería, que comúnmente se denomina "proceso de la cadena de exterminio" o "kill chain". Este libro ha brindado a los lectores lo mejor de cada tema, esperando que los lectores hayan desarrollado una base conceptual básica de cada materia tratada aquí. En adelante, al estudiar cualquier material que se relacione con los temas cubiertos en este libro, el lector tendrá suficiente conocimiento previo para digerir fácilmente la información destinada a una audiencia de nivel intermedio o avanzado.

Vea más libros escritos por Quinn Kiser

www.ingramcontent.com/pod-product-compliance
Lightning Source LLC
LaVergne TN
LVHW051916060526
838200LV00004B/174